跟着课本游

九江

朱虹　冷冰／编著

江西美术出版社
全国百佳图书出版单位
·南昌·

图书在版编目（CIP）数据

跟着课本游九江 / 朱虹，冷冰编著 . -- 南昌 : 江西美术出版社，2025. 1（2025.4 重印）. -- ISBN 978-7-5802-0079-2

Ⅰ. G634.303

中国国家版本馆 CIP 数据核字第 2024E99C48 号

出 品 人　刘　芳
出版统筹　黄　震
项目统筹　方　姝
责任编辑　李安琪　肖　杰
责任校对　陈　曦　彭地强
责任印制　毛　翔
封面设计　赵抒濛
版式设计　胡文欣

跟着课本游九江

GENZHE KEBEN YOU JIUJIANG

朱虹　冷冰 / 编著

出　版：江西美术出版社
地　址：南昌市子安路 66 号
邮　编：330025
电　话：0791-86566309
网　址：www.jxfinearts.com
经　销：全国新华书店
印　刷：湖北金港彩印有限公司
版　次：2025 年 1 月第 1 版
印　次：2025 年 4 月第 2 次印刷
开　本：710 mm×1000 mm　1/16
印　张：10.5
字　数：80 千字
ISBN 978-7-5802-0079-2
定　价：48.00 元

序 课本城市 熠熠生辉

去年 7 月，我到庐山调研。山下烈日炎炎，山上凉风习习。庐山人潮如涌，摩肩接踵。庐山旅游是九江旅游的一个缩影。九江市政府和市文化广电旅游局的领导专程赶来交流旅游方式的创新问题。从“淄博烧烤”到“贵州村超”，从哈尔滨冰雪节到南昌“中国红”，各地都依据本地的优势旅游资源，探索适合当地发展的旅游方式。这种方式，简单地说，就是充分彰显自己的特色，具备“唯一”和“第一”的性质，即“人无我有”或“人有我优”。

九江是“天下眉目之地”，具有 2000 余年的悠久历史和灿烂文化，是中国最大淡水湖鄱阳湖与万里长江的交汇处，集名山、名江、名湖、名城于一身。众多的历史文化名人在此留下了数不胜数的诗词歌赋，特别是陶渊明、李白、白居易、周敦颐、苏轼等人写下的千古名篇，已被编入我国小学和中学的课本。一些著名的金句，如“采菊东篱下，悠然见南山”“芳草鲜美，落英缤纷”“飞流直下三千尺，疑是银河落九天”“同是天涯沦落人，相逢何必曾相识”“人间四月芳菲尽，山寺桃花始盛开”“出淤泥而不染，濯清涟而不妖”“不识庐山真面目，只缘身在此山中”等，万众瞩目，口口相传，具备很强的知名度和美誉度，经历了时代的考验，焕发出顽强的生命力。我们检索了一下，1935 年至今，人教社统编版语文课本为主的各版本语文课本中，由九江人写的和写九江的课文共 21 篇，这个数字超越了江西省其他设区市的总和，甚至在全国也是名列前茅。所以，九江完全有理由被称为“课本城市”，用“跟着课本游九江”，应该是体现九江特色旅游方式的一个正确选择。

本书对课文进行适当的编排，给予简洁的讲解，并在书的最后附图，标明了多篇课文发生的地点，推荐了“跟着课本游九江”的三条精品线路和旅游打卡点，供游客们参考。本书没有华丽的辞藻和空洞的论述，只是介绍课文的写作背景，阐释课文中的一些难点，延伸和拓展课文的内涵，讲好课文背后的故事。希望青少年学生们，沿着课文中的线路，在行走中学习，更好地理解课文的内容，领会课文中的精神，让课文深入到头脑里，融汇于血液中，落实在行动上。也希望有更多热爱旅游的朋友，在读这本书后，有兴趣来九江走一走，看一看，了解九江的名山胜水，体验九江的风俗民情，瞻仰九江的历史名贤，成为九江的忠实粉丝。

祝九江旅游再创佳绩，九江的明天更美好！

朱虹

2025 年 3 月

目 录

《春塘柳色图》（局部）　元　朱叔重　中国台北故宫博物院藏

五柳先生传

东晋　陶渊明

先生不知何许人也，亦不详其姓字，宅边有五柳树，因以为号焉。闲静少言，不慕荣利。好读书，不求甚解；每有会意，便欣然忘食。性嗜酒，家贫不能常得。亲旧知其如此，或置酒而招之；造饮辄尽，期在必醉。既醉而退，曾不吝情去留。环堵萧然，不蔽风日；短褐穿结，箪瓢屡空，晏如也。常著文章自娱，颇示己志。忘怀得失，以此自终。

赞曰：黔娄之妻有言："不戚戚于贫贱，不汲汲于富贵。"其言兹若人之俦乎？衔觞赋诗，以乐其志。无怀氏之民欤？葛天氏之民欤？

入选教材：2002年人教版《语文》八年级下册

相关景点：陶渊明纪念馆

陶渊明很穷，今天我们很难想象陶渊明究竟穷到何种程度。他说：“环堵萧然，不蔽风日；短褐穿结，箪瓢屡空。”这有一点像孔子的弟子颜回。其实这两个人有一个共同点：自得其乐，穷而不苦。

陶渊明不是寻常人家出身，而是出身于一个官宦世家。陶渊明的曾祖父陶侃是东晋王朝的名将，曾经权倾朝野。因此，陶渊明绝对不是寻常意义上的穷人。为什么陶渊明说“余家贫,耕植不足以自给”呢?

在陶渊明的曾祖父陶侃死后，陶侃的几个儿子都在官场上走得不远，陶渊明的祖父死在了太守的任上。至于陶渊明的父亲，更是在陶渊明 8 岁时就去世了，因此陶渊明才说自己家道中落。但这种落魄只是相对于世家大族来说的，陶渊明早年其实是不愁吃穿的。

话虽如此，但陶渊明年轻时不甘寂寞，一心想在官场上出人头地。然而现实是“骨感”的，当时陶家已经失去了在政坛的影响力，再加上其并非传统意义上的世族，

修水箈竹古村　宋小勇　摄

那些根基深厚的世家大族瞧不起陶家，认为陶家是“暴发户”，因此陶渊明在官场上走得很不顺畅。当然，陶家还有些门生故吏的支持，因而陶渊明的仕途起点还是比较高的，刚入仕就出任江州祭酒，历任镇军参军、建威参军，后来又出任彭泽县令。他为了坚守自己做人当官的原则，就任彭泽县令 80 多天便弃职离去，从此归隐田园，成为“隐逸诗人之宗”“田园诗派之祖”。

穷得有道理，穷得有分寸，穷得有骨气，大概只有陶渊明如此。人生至此，所得不过得，所失不过失，吃饭、喝酒、读书、写诗、行游、受苦，沉沉浮浮。眼前是他栽种的五棵柳树，被风吹过来，又被风吹过去。

《五柳先生传》里塑造的“五柳先生”这一形象，不仅是作者对个人生活状态的描述，更是作者对一种超然物外、安贫乐道的人生哲学的颂扬，体现了陶渊明独特的人格魅力和精神追求。陶渊明在文章中用读书、饮酒、写文章三件事塑造出一个真实的自我。他懂得包装自己，但没有一点世俗之心。五柳先生虽穷，

中华贤母园 宋小勇 摄

却得到大欢喜。当春对酒时他开心，“悠然见南山”时他也开心，他欢喜的原因不外乎如唐代诗人王建在《田家行》中所提到的，“田家衣食无厚薄，不见县门身即乐”。《五柳先生传》在写作上的最大特点是多用否定句，“不”字为一篇眼目。如“先生不知何许人也，亦不详其姓字”，钱锺书先生说，哪有作自传不晓得自己姓名和籍贯的人，这其实是和那时售卖声名、夸耀门第的人唱反调。正是因为世人有种种追名逐利、矫揉造作之事，作者才言“不”。这也突出了作者与世俗的格格不入，突出了作者对高洁志趣和独立人格的坚持。

《归去来辞图》（局部）
北宋　李公麟　中国台北故宫博物院藏

归去来兮辞并序

东晋　陶渊明

余家贫，耕植不足以自给。幼稚盈室，瓶无储粟，生生所资，未见其术。亲故多劝余为长吏，脱然有怀，求之靡途。会有四方之事，诸侯以惠爱为德，家叔以余贫苦，遂见用于小邑。于时风波未静，心惮远役，彭泽去家百里，公田之利，足以为酒。故便求之。及少日，眷然有“归欤”之情。何则？质性自然，非矫厉所得。饥冻虽切，违己交病。尝从人事，皆口腹自役。于是怅然慷慨，深愧平生之志。犹望一稔，当敛裳宵逝。寻程氏妹丧于武昌，情在骏奔，自免去职。仲秋至冬，在官八十余日。因事顺心，命篇曰《归去来兮》。乙巳岁十一月也。

归去来兮，田园将芜胡不归？既自以心为形役，奚惆怅而独悲？悟已往之不谏，知来者之可追。实迷途其未远，觉今是而昨非。舟遥遥以轻飏，风飘飘而吹衣。问征夫以前路，恨晨光之熹微。

乃瞻衡宇，载欣载奔。僮仆欢迎，稚子候门。三径就荒，松菊犹存。携幼入室，有酒盈樽。引壶觞以自酌，眄庭柯以怡颜。倚南窗以寄傲，审容膝之易安。园日涉以成趣，门虽设而常关。策扶老以流憩，时矫首而遐观。云无心以出岫，鸟倦飞而知还。景翳翳以将入，抚孤松而盘桓。

归去来兮，请息交以绝游。世与我而相违，复驾言兮焉求？悦亲戚之情话，乐琴书以消忧。农人告余以春及，将有事于西畴。或命巾车，或棹孤舟。既窈窕以寻壑，亦崎岖而经丘。木欣欣以向荣，泉涓涓而始流。善万物之得时，感吾生之行休。

已矣乎！寓形宇内复几时？曷不委心任去留？胡为乎遑遑欲何之？富贵非吾愿，帝乡不可期。怀良辰以孤往，或植杖而耘耔。登东皋以舒啸，临清流而赋诗。聊乘化以归尽，乐夫天命复奚疑！

入选教材：2019 年统编版高中《语文》选择性必修下册

相关景点：陶渊明纪念馆、庐山环山旅游景点

浔阳楼夜色　宋小勇　摄

东晋义熙元年（405 年），陶渊明弃官归田，作《归去来兮辞》。陶渊明从 29 岁起出仕，为官 13 年，一直厌恶官场，向往田园。义熙元年，陶渊明 41 岁，这是他最后一次出仕，任彭泽县令，80 多天后即辞官回家。之后他再也没有出仕做官。据《宋书·陶潜传》和萧统《陶渊明传》，陶渊明归隐是出于对腐朽现实的不满。当时郡里一名督邮来彭泽巡视，督邮要陶渊明束带迎接以示敬意。他气愤地说："我不能为五斗米折腰向乡里小人！"即日挂冠去职，并赋《归去来兮辞》，以明心志。

一个人在成长过程中，会从一个自然个体逐渐成为一个社会人，然后建功立业，实现自我价值。但是实现自我价值是终极目标吗？社会角色的成功是实现自我价值的标准吗？比实现自我价值更高的追求是超越，而超越有时候体现为"归来”。陶渊明的“归来”回到了哪里呢？他回到了人的天性，成就了自我。他回到了他的田园，那就是自然。一个自我，一个自然，内在与外在真正融合成一份自在，完成了社会角色的跨越，真正抵达了心灵的自由。

古彭泽县衙遗址位于江西湖口县均桥镇柳德昭村，现在已是一片废墟。1600 多年前的古县衙早已被夷为平地，变成了阡陌纵横的农民菜园。只有那些残存的旗鼓石、拴马石、台基、瓦砾、碎片等，似乎在告诉人们这里曾经的繁华。陶渊明曾在这里为官 80 余天，他在《归去来兮辞》的序里，只说自己出来做官是因为家里穷、要挣钱，可官场生活与自己的本性不合，“深愧平生之志”，所以也很难受。这时不巧他嫁到武昌程家的妹妹去世了，他急着去吊唁，就离职而去。如果我们相信诗人的自述，那他就不是挂冠直接回家的，而是从彭泽跨过鄱阳湖，溯江而上跑到武昌去了。一件事，往往有不同的说法，道理其实很简单：人们最熟知的，未必就是事实；而事实是什么，真得多想一想。

这才是“归”这个字的本意，在这里，“归”这个字是那么可爱，陶渊明也是那么可爱。

在诗人归家的路上，风一直吹拂着衣裳，他一遍一遍地问别人，路在何方？难道他不认识归去的路吗？其实“归来”

很简单，一丛菊花、一杯老酒、一声孩子的呼唤都叫作“归来”。这个世道，人人都热衷功名，但其与那份亲戚情话的温馨、足以消忧的琴书，以及欣欣向荣的树木和涓涓流淌的清泉，哪个更有价值呢？

乐天命，不怀疑，生命本该如此。“采菊东篱下，悠然见南山”，一个人的价值和心愿会驱动他去追求真正想要的生活。

彭泽梅花鹿 梁振堂 摄

《陶渊明诗意图册·狗吠深巷中 鸡鸣桑树颠》（局部）

清　石涛　故宫博物院藏

归园田居（其一）

东晋　陶渊明

少无适俗韵，性本爱丘山。
误落尘网中，一去三十年。
羁鸟恋旧林，池鱼思故渊。
开荒南野际，守拙归园田。
方宅十余亩，草屋八九间。
榆柳荫后檐，桃李罗堂前。
暧暧远人村，依依墟里烟。
狗吠深巷中，鸡鸣桑树颠。
户庭无尘杂，虚室有余闲。
久在樊笼里，复得返自然。

入选教材：2019年统编版高中《语文》必修上册
相关景点：陶渊明纪念馆

陶渊明“归来”的是什么地方？

“田”和“园”这两个汉字的结构挺有意思，都是有边框的。“归园田”是什么呢？就是回到自己有边界的生活中。人在年轻的时候希望生活没有边界，希望辽阔，希望一次次在山巅水涯中风流飞扬，志得意满。但是边界之内有一份可以把握的朴素温暖，这只有在经历了一些事情以后，走远之后回头看，才会明白。

永修龙源峡　余永冬　摄

陶渊明真正“归来”之后，在他的第一首《归园田居》里面说：“少无适俗韵，性本爱丘山。误落尘网中，一去三十年。”陶渊明说，本性中蕴含着对自然山水的热爱，而适应当时的官场对他来说，着实有些为难。但是人都在社会化的路上，“误落尘网中”。什么叫“误落”？这两个字挺有意思，因为一个人长大要上学，要读书，要接受价值观，要建功立业。在这个过程中，我们已经走得太远，会忘记为了什么而出发，那个时候我们就会恍然觉得失去了什么。陶渊明认为，他是错误地掉进了深深的尘世之中。

人有失则必有所得，陶渊明的归去至少让他守住了一方田园。陶渊明的田园，放眼望去，“暧暧远人村，依依墟里烟。狗吠深巷中，鸡鸣桑树颠”。远处的那些村落依稀可见，村落里的人们各自过着他们的生活。人们生火做饭，炊烟袅袅，这是一种有人气的日子，而不是荒园。正是有这样的鸡犬相闻，你才会觉得这是人间。真正的桃花源，它不在世外，只在人心肃静的一念之间。

九江就是这样一个地方，在庐山脚下，在彭泽古邑，到处都有陶渊明的故事，到处都有诗酒田野。陶渊明的名字始终是与南山、明月、青松、菊花和酒这样一些司空见惯的事物紧密相连的，这种独特的能指和所指关系反复提醒我们，诗人作为“大地上事物的命名者”，即便隐逸得再深、遁迹

得再远，其形象也终将被他所创造描绘的事物勾勒出来，哪怕是寥寥数笔，也有蛛丝马迹可寻。差别仅仅在于，有的清晰，有的模糊。

凡我读书人，心中都有一片田园，来来往往，都不忘记一个“归”字。

永修县吴城　刘远庆　摄

《陶渊明诗意图册·带月荷锄归》（局部）
清　石涛　故宫博物院藏

归园田居（其三）

东晋　陶渊明

种豆南山下，草盛豆苗稀。
晨兴理荒秽，带月荷锄归。
道狭草木长，夕露沾我衣。
衣沾不足惜，但使愿无违。

入选教材：2001 年人教版《语文》八年级上册
相关景点：陶渊明纪念馆、庐山环山旅游景点

陶渊明虽是诗人，但天还没亮的时候已经在南山下打理自己种的豆子；他没有多少钱，衣服也破旧，露水打湿了衣裳，只能穿在身上等它干。他种的豆子长得不好，杂草太多而豆苗稀疏，可这有什么关系呢？他算了一笔账，够吃就行，如果能多一些收获，可以拿去换酒，那就再好不过了！没有

永修龙源峡（九江市文化广电旅游局供图）

一次忧伤是晒太阳和喝酒解决不了的。

好吧，让我们记住那晚的月亮——“晨兴理荒秽，带月荷锄归”。

他真的不做作。

他喜欢大自然，喜欢恬淡的生活，他是那样可敬，透着

人性的光辉和对自然的热爱。一个人活到最后，就是放下心中的忧虑，卸下沉重的负担，似一茎豆秸，悲怆而平淡。

陶渊明是农人，别的诗人写的田园诗是把别人的劳作当风景，而在陶渊明的诗歌里他自己就是那个扛着锄头劳作的人。他说“衣食当须纪，力耕不吾欺”，人好好地种田，苍天不会辜负你，必定有收获。

有的时候，世界上最朴素的道理是最容易被人忽略的。受魏晋风气的影响，当时人人都标榜清高，人人都说不要名利，但或许只有陶渊明的“归来”是真的“归来”。所以苏轼才那么推崇他，说陶渊明这个人要养家的时候就出去做官，真正归隐的时候又不矜夸，非常真实。朱熹也说：“陶渊明真个能不要。”看看陶渊明写他耕作的生活，“力耕不吾欺”，好好干活，老天爷总会让自己有所收获。但是他也真不会干活：“种豆南山下，草盛豆苗稀。晨兴理荒秽，带月荷锄归。”他种田的结果是杂草比豆苗还多，还弄得夙兴夜寐，大清早就去拾掇田里的杂草，披星戴月地扛着锄头回来。

陶渊明不是一个好农民，搭上自己所有的辛苦，结果就种了个“草盛豆苗稀”。但是他失败吗？不，显然他是一位罕见的经营人生的大成者。因为他说：“道狭草木长，夕露沾我衣。衣沾不足惜，但使愿无违。”他不光农活干得累，回来的路上也很辛苦，道路两边杂草丛生，露水都沾在他的身上，衣衫被沾湿并不可惜，只要不违背自己的心愿，他就能活出一片自我的真天地。陶渊明还不成功吗？

庐山下，有一座小村庄叫栗里，栗里有一座柴桑桥，据说陶渊明总爱在桥头纳凉，顺便洗一洗他那把满是泥土的锄头。原野上的月亮白得洁净，陶渊明一点点地隐没在月色中。这让人不禁想起了诗句，“衣沾不足惜，但使愿无违”。

《陶渊明诗意图册・悠然见南山》（局部）
清　石涛　故宫博物院藏

饮酒（其五）

东晋　陶渊明

结庐在人境，而无车马喧。
问君何能尔？心远地自偏。
采菊东篱下，悠然见南山。
山气日夕佳，飞鸟相与还。
此中有真意，欲辨已忘言。

入选教材：2017 年统编版《语文》八年级上册
相关景点：陶渊明纪念馆、庐山醉石

天下有谁不知道陶渊明，那个葛巾野服的隐者，杖藜走过山涧，他醉了，醉倒在南山下。他躺在涧底一块巨石上看天，看“山气日夕佳，飞鸟相与还”。暮色中树叶起了涛声，每一朵菊花都要往白里开，直到把自己一点点开碎。

这块天然巨石就是庐山著名的醉石。醉石高约 3 米，宽约 4 米，石面平滑如桌，可坐 10 余人。清代康熙年间毛德琦《庐山志》引《南史》称：“先生弃官归，篮舆时往来庐山中，醉辄卧石上，其石至今有耳迹及吐酒痕焉。”时光流逝，风雨侵蚀，酒痕已难觅踪迹，然而，流传千年的陶渊明醉酒卧石的故事，却因为这块天然山石变得更加清晰而生动。

有一些云，久久地停在醉石上。四面青山，一溪清流，醉石静卧于水声之上。石上，有时候静静走过月亮。

我们读陶诗：“结庐在人境，而无车马喧。问君何能尔？心远地自偏。采菊东篱下，悠然见南山。山气日夕佳，飞鸟相与还。此中有真意，欲辨已忘言。”

我们饮酒，与大先生对饮，“采菊东篱下，悠然见南山”，究竟应该是“见”还是“望”呢？始终众说纷纭，直到苏轼这里才一锤定音：“因采菊而见山，境与意会，此句最有妙处。近岁俗本皆作‘望南山’，则此一篇神气都索然矣。”在苏轼看来，“见”更能体现陶诗随性自然的心境和气度，而“望”则显得主观牵强，仿佛作者需要渴望和努力才能达到和实现，这显然与诗人恬淡的性情气质相悖。南山之“见”与南山之“望”，一字之差，意境却有天壤之别，唯有真正理解陶渊明精神气象的人，才能融入陶诗所开创的那片“人境”之中，并由此获得物我两忘的自由和任真。苏轼一直视陶渊明为典范意义上的诗人，甚至以魏晋以来第一诗人来定位他：“吾于诗人，无所甚好，独好渊明之诗。”

《饮酒》是我们进入陶渊明精神世界的重要通道之一。在陶渊明心中，“醉人”并未真正醉去，他不过是借助一双醉眼洞察混乱的世相罢了，他已经料到现实世相只会越来越乱，而他唯一能做的事情就是他正在进行的事情：走在独善其身的路上，成就更加清洁的、赤子般的自我。

说了这么多道理，喝了这么多美酒，陶渊明的人生观其实就在一句诗里：“众鸟欣有托，吾亦爱吾庐。既耕亦已种，时还读我书。”

浔阳江上百舸争流 胡遵武 摄

《桃花源图》（局部）
清　黄慎　安徽博物院藏

桃花源记

东晋　陶渊明

晋太元中，武陵人捕鱼为业。缘溪行，忘路之远近。忽逢桃花林，夹岸数百步，中无杂树，芳草鲜美，落英缤纷。渔人甚异之，复前行，欲穷其林。

林尽水源，便得一山，山有小口，仿佛若有光。便舍船，从口入。初极狭，才通人。复行数十步，豁然开朗。土地平旷，屋舍俨然，有良田、美池、桑竹之属。阡陌交通，鸡犬相闻。其中往来种作，男女衣着，悉如外人。黄发垂髫，并怡然自乐。

见渔人，乃大惊，问所从来。具答之。便要还家，设酒杀鸡作食。村中闻有此人，咸来问讯。自云先世避秦时乱，率妻子邑人来此绝境，不复出焉，遂与外人间隔。问今是何世，乃不知有汉，无论魏晋。此人一一为具言所闻，皆叹惋。余人各复延至其家，皆出酒食。停数日，辞去。此中人语云：“不足为外人道也。”

既出，得其船，便扶向路，处处志之。及郡下，诣太守，说如此。太守即遣人随其往，寻向所志，遂迷，不复得路。

南阳刘子骥，高尚士也，闻之，欣然规往。未果，寻病终。后遂无问津者。

入选教材：2017 年统编版《语文》八年级下册
相关景点：庐山桃花源康王谷

每个人心中都有一个桃花源。

那条清溪，伴着牧童的笛音潺潺而来。桃花下的椋鸟觉得溪中自己的倒影好看，时常俯身端详。在康王谷，我们总能一次次与诗人陶渊明相遇，他的诗自然、冲淡、朴实，随便读一首，都仿佛能听到淙淙的溪声。

陶渊明是中国最早的生态文明引领者。桃花源是一个美丽的地方，这里“芳草鲜美，落英缤纷”。桃花源又不仅是一个地方，而更是一种状态、一份心境。当我们读到“土地平旷，屋舍俨然，有良田、美池、桑竹之属。阡陌交通，鸡犬相闻”时，我们的内心也会从喧哗走向宁静，来一次诗意的回归。

人生无非两种境地：或如江河洋洋归于大海，海上生明月，静而阔大，浩渺一片；或缘溪而行，上到深林白云间，山色空蒙，而后豁然开朗。

历代文人无数次渲染陶渊明的形象以后，他的生活渐渐演变成一种人们梦寐以求的理想生活。而像陶渊明一样生活，也似乎代表了成为陶渊明那样的人。世外桃源甚至成为一种理想社会。在这个世界里，“黄发垂髫，并怡然自乐”，一切都显得那么美好、和谐，与魏晋时期的战乱、纷争形成鲜明的对比。这种叙事手法既富有想象力，又极具感染力，读者结合历史来看，可以在阅读过程中留下深刻的印象。

在庐山，我们可以找到一个现实版的桃花源，它地处庐山大汉阳峰下，相传是战国时期楚王后裔——康王避秦乱而藏身的宝地，名康王谷，是庐山第一长峡谷。溯着一条溪水走进峡谷，经过一个村庄，可以看到农人在酿酒，那是纯稻谷酒，正缓缓流入木桶。农人设酒杀鸡作食，真正的新酒，一闻便醉。多少世人醉后不愿意醒来，陶渊明就是这样的人，豁达的时候需要酒，宁静的时候，酒也在身边。无论张扬或内敛，都如同美酒，泛着流光。

最暖人间烟火便是心中的桃花源，“宜居宜游”就是陶渊明所追求的自由与快乐，而这种寻常的自由与快乐，正是

“大同世界”朴素思想的现实表现。桃花源的生活不玄幻、不缥缈，而是来自人们对顺应自然、和谐美好生活的追求和向往。从桃花源的自然环境到桃花源的生活场景，从桃花源中人的“悉如外人”到桃花源中人“怡然自乐”的生活状态，陶渊明笔下的桃花源看似与外界世界在物质构成上别无二致，但实际上，二者的不同之处在于桃花源中没有压迫，没有剥削，社会和谐，人人都拥有精神的自由与快乐。

其实我们每个人心中都应该有一个桃花源。这样一个在陶渊明的故乡——江西九江的理想之地，或许就是那个我们心心念念的、梦里的桃花源。

庐山西海桃花岛 樊建功 摄

《庐山高图》（局部）
明　沈周　中国台北故宫博物院藏

望庐山瀑布

唐　李白

日照香炉生紫烟，
遥看瀑布挂前川。
飞流直下三千尺，
疑是银河落九天。

入选教材：2017 年统编版《语文》二年级上册
相关景点：庐山秀峰

晨曦中的庐山，云雾缭绕，宛如仙境。今天，我们要领略的，是这里最为壮观的自然景观——庐山瀑布。

凡是读书人，都读过这首诗：“日照香炉生紫烟，遥看瀑布挂前川。飞流直下三千尺，疑是银河落九天。”

凡是读书人，尽管心中往来如织，却始终会给李白保留一席之地。天地、星河、山川、草木、美酒、明月，一桩桩、一件件都是李白的事，是世事，也是心事。

李白一生 5 次来到庐山，写下 40 余首诗词。《望庐山瀑布》是最简单又最瑰奇的一首。这首诗开篇就营造了一个梦境或者说是仙境。李白在头七个字里对瀑布一字未提，只告诉人们，阳光照在香炉峰上，朦胧的紫色烟霞笼罩了整个世界，仿佛山峰就是香炉，而云雾就是这香炉散出的轻烟。简单七字，瀑布的神韵尽在其中。然后才点出自己的位置和吟咏的对象——“遥看瀑布挂前川”。由“遥看”二字领出的这句，仿佛一声惊叹，就像李白不经意抬起头来，壮观的瀑布突然映入眼帘。“遥看”不仅将瀑布的空间感描写了出来，也显示了自然的伟岸和人的渺小。在这两句的铺垫下，李白在最后两句诗里完全放飞了自我，“飞流直下三千尺，疑是银河落九天”，将庐山瀑布的雄伟绮丽表达得淋漓尽致。

其实庐山有很多瀑布，世间还有很多瀑布，写瀑布的诗也数不胜数，唯独这一首诗成就了庐山，正如郁达夫《咏西子湖》

庐山三叠泉（九江市文化广电旅游局供图）

庐山秀峰瀑布（九江市文化广电旅游局供图）

一诗中说到的那样，“江山也要文人捧”。

有时听来的故事不如眼前的风景，有时眼前的风景不如听来的故事。在许多时候，“李白”不仅是一个具体的人，更是一个符号、一种声音、一种浪漫、一种气度。我们少年读书，自负天才，胸怀天下，认定只需展翅一试，即可飞黄腾达。李白在《庐山谣寄卢侍御虚舟》中写到“我本楚狂人，凤歌笑孔丘”。我们知道的李白，拥有一种张扬腾达的个人心性，也象征着一种气势磅礴的开元气象，这也是盛唐精神。“飞流直下三千尺”仿佛一种幻视，庐山瀑布瑰丽旖旎，氤

氤的紫气充盈在山间。人世间充斥着各种不确定性，恍恍惚惚之间李白来了，他既像个神，又像个人，是人间之神，是仙家之人。

飞湍瀑流，遗世独立，李白虽不是真正的仙人，却能与天地对话，而所叩问的皆是人事，他仰天长啸，上下求索。在李白那里，天地为我所用，人情为我所动。携仙人遨游匡庐，抱明月相拥世间。李白的诗歌都是梦，山水飞流的颜色就是李白紫衫青衣的颜色。

庐山秀峰 田小元 摄

《庐山瀑布图》（局部）
清　高其佩　中国台北故宫博物院藏

庐山谣寄卢侍御虚舟

唐　李白

我本楚狂人，凤歌笑孔丘。
手持绿玉杖，朝别黄鹤楼。
五岳寻仙不辞远，一生好入名山游。
庐山秀出南斗傍，屏风九叠云锦张，
影落明湖青黛光。
金阙前开二峰长，银河倒挂三石梁。
香炉瀑布遥相望，回崖沓嶂凌苍苍。
翠影红霞映朝日，鸟飞不到吴天长。
登高壮观天地间，大江茫茫去不还。
黄云万里动风色，白波九道流雪山。
好为庐山谣，兴因庐山发。
闲窥石镜清我心，谢公行处苍苔没。
早服还丹无世情，琴心三叠道初成。

遥见仙人彩云里，手把芙蓉朝玉京。
先期汗漫九垓上，愿接卢敖游太清。

入选教材：2006年语文版高中《语文》选修《唐宋诗词鉴赏》

相关景点：庐山锦绣谷

“五岳寻仙不辞远，一生好入名山游。”

“山”原本是一种自然的地理事物，她高耸、巍峨、磅礴；她拔地凌云，与天比肩；她横亘久远，千古不变。于是在人们的观念中，山具有了更丰富的内涵与意味。

中国对山的审美始于先秦，成于汉，风行于魏晋、盛唐，此后便一直得到延续。这种对山的亲和所产生的审美感受，使人与山的精神交流达到“神与物游”、物我两忘的超然境界。人们或寄怀山水，或放志山水，或隐逸山水，可以说中国人创造了非凡境界的“山文化”。

庐山天桥奇观 殷锡翔 摄

李白是一个“山缘”很深的人，他自幼生长在巴山蜀水间，醉心于游历。可见了庐山后，他还是陶醉了。他先后5次来到庐山，写下40余首诗词。他评价庐山说：“予行天下，所游览山水甚富，俊伟诡特，鲜有能过之者，真天下壮观也。”生性豪放的李白喜爱庐山是不言而喻的，但他抱负远大，不甘归隐于山间，所以他的一生都在“隐”与“仕”之间苦苦挣扎，而五上庐山的经历恰恰是他这种挣扎的真实体现。每当他在仕途中受到挫折，庐山总会用宽容温柔的胸怀接受他，抚慰他的伤口，帮助他重拾自信，抖擞精神，再度出发。或许，李白的命运早已同庐山纠缠在一起。

李白是何等人物？他自称“我本楚狂人，凤歌笑孔丘”。他本来就不是按照朝廷科班序列去猎取功名利禄的凡人，他是旷世的逸民。他的人生理想受到现实打击之后，他对孔子的济世之道就更不认同，他像楚狂接舆吟唱的“凤兮，

庐山　王海猛　摄

别墅之秋 殷锡翔 摄

凤兮，何德之衰？往者不可谏，来者犹可追。已而，已而”那样，展开了另一种人生的追求：名山大川之间有他生命中更真切的寄托。李白的视线望向了现实之外，望向宇宙苍穹，当他走向高处的时候，人间的规则就再也无法约束他，他目光所及之处，是山水永恒的超越。

诗人登高远眺，以如椽大笔，彩绘长江的雄伟气势：“登高壮观天地间，大江茫茫去不还。黄云万里动风色，白波九道流雪山。”九道，古谓长江流至浔阳分为九条支流。雪山，形容白波汹涌，堆叠如山。这几句意谓：登临庐山高峰，放眼纵观，只见长江浩浩荡荡，直泻东海，一去不返；万里黄云飘浮，天色瞬息变幻；茫茫九派，白波汹涌奔流，浪高如雪山。诗人豪情满怀，笔墨酣畅，将长江景色写得境界高远，气象万千。何等雄伟，何等壮美！大自然之美激发了大诗人的无限诗情：“好为庐山谣，兴因庐山发。闲窥石镜清我心，谢公行处苍苔没。”石镜，传说在庐山东面有一圆石悬岩，明净能照人形。谢公，南朝宋谢灵运，尝入彭蠡湖口，登庐山，有“攀崖照石镜”的诗句。李白经过永王璘事件的挫折后，重登庐山，不禁感慨万千。这四句大意是：“爱作庐山歌谣，诗兴因庐山而激发。从容自得地照一照石镜，心情为之清爽。谢灵运走过的地方，如今已为青苔所覆盖。”人生无常，盛事难再。李白不禁油然而生寻仙访道思想，希望超脱现实，以求解决内心的矛盾。

《庐山谣寄卢侍御虚舟》是写庐山的最好的篇章之一。后代诗评家们对这首诗给予了高度评价。清代诗评家沈德潜曾评价道：“太白七言古，想落天外，局自变生。大江无风，波浪自涌，白云从空，随风变灭。此殆天授，非人可及。”这段话充分赞扬了李白诗歌的独特魅力和他的天赋才华。同时，这首诗也被誉为李白最狂放的诗作，展现了李白独特的个性和深邃的情感。1961 年第二次庐山会议期间，毛泽东曾书写此诗中的四句赠给庐山有关单位。

李白用他宽广的胸襟，给庐山注入了一种宏阔壮观的气

庐山牯岭镇（九江市文化广电旅游局供图）

象，这气象包容万物，延绵不绝。正是这位过客给庐山写下五色斑斓的诗句，为庐山留下了瑰丽篇章，秀丽的庐山才从此有了蔚为壮观的文学形象和丰富内涵。诗人以大手笔描绘了庐山雄奇壮丽的风光，可谓描写庐山的千古绝唱。同时，此诗也表现了诗人的豪迈气概，抒发了诗人寄情山水、纵情遨游、狂放不羁的情怀，表达了诗人想在名山胜景中得到寄托、在神仙境界中逍遥的愿望，流露了诗人因政治失意而避世求仙的愤世之情。

此诗思想内容比较复杂，既有对儒家孔子的嘲弄，也有对道家的崇信。一面希望摆脱世情，追求神仙生活；一面又留恋现实，热爱人间风物。诗的感情豪迈开朗，洋溢着一种震撼山岳的气概。想象丰富，境界开阔，给人以雄奇的美感享受。诗的韵律随诗情变化而显得跌宕多姿。开头一段抒怀述志，用尤侯韵，自由舒展，音调平稳徐缓。第二段描写庐山风景，转唐阳韵，声音较前提高，昂扬而圆润。写长江壮景则又换删山韵，音响慷慨高亢。随后，调子陡然降低，变为入声月没韵，表达归隐求仙的闲情逸致，语气柔弱急促，和前面的高昂调子恰好形成鲜明的对比，极富抑扬顿挫之妙。最后一段表现美丽的神仙世界，转换庚清韵，音调又升高，悠长而舒畅，余音袅袅，令人神往。

一生爱山的李白，一生不羁的李白，当岁月的浪潮洗去了昔日的尘埃，满腔的抱负只能在心底徘徊。只因你傲岸，只因你不羁，世俗的官场便容不下你。罢官就罢官吧，狂笑一声，便在酒香深处绽放了一朵青莲。

白鹿置于青崖，须行即访名山。纵然是“抽刀断水水更流，举杯消愁愁更愁”，也要带上一把剑、一壶酒，“举杯邀明月，对影成三人”，在皎洁的月光中舞剑独饮，与庐山交谈，在山水、自己、月光中找到永恒。

他狂，他傲，他浪漫，他可以与太白星交谈。

他飘逸，他空灵，他可以独自一人无拘狂笑。

他的脸似乎一直带着笑容，而笑容中又有那么一抹无奈！是命运弄人？他一直在追寻自己的梦想，却离它越来越远。“一朝去京国，十载客梁园。”他心中的大悲苦也只能在诗句中流露。

他毕竟是个凡人，有自己的悲与喜。在人生逐梦的过程中郁郁不得志，只能远离那喧嚣的繁华，浪迹天涯，以山水自适。

《琵琶行图》（局部）

明　唐寅　中国台北故宫博物院藏

琵琶行并序

唐　白居易

元和十年，予左迁九江郡司马。明年秋，送客湓浦口，闻舟中夜弹琵琶者，听其音，铮铮然有京都声。问其人，本长安倡女，尝学琵琶于穆、曹二善才，年长色衰，委身为贾人妇。遂命酒，使快弹数曲。曲罢悯然，自叙少小时欢乐事，今漂沦憔悴，转徙于江湖间。予出官二年，恬然自安，感斯人言，是夕始觉有迁谪意。因为长句，歌以赠之，凡六百一十六言，命曰《琵琶行》。

浔阳江头夜送客，枫叶荻花秋瑟瑟。主人下马客在船，举酒欲饮无管弦。醉不成欢惨将别，别时茫茫江浸月。

忽闻水上琵琶声，主人忘归客不发。寻声暗问弹者谁，琵琶声停欲语迟。移船相近邀相见，添酒回灯重开宴。千呼万唤始出来，犹抱琵琶半遮面。转轴拨弦三两声，未成曲调先有情。弦弦掩抑声声思，似诉平生不得志。低眉信手续续弹，说尽心中无限事。轻拢慢捻抹复挑，初为《霓裳》后《六幺》。大弦嘈嘈如急雨，小弦切切如私语。嘈嘈切切错杂弹，大珠小珠落玉盘。间关莺语花底滑，幽咽泉流冰下难。冰泉冷涩弦凝绝，凝绝不通声暂歇。别有幽愁暗恨生，此时无声胜有声。银瓶乍破水浆迸，铁骑突出刀枪鸣。曲终收拨当心画，四弦一声如裂帛。东船西舫悄无言，唯见江心秋月白。

沉吟放拨插弦中，整顿衣裳起敛容。自言本是京城女，家在虾蟆陵下住。十三学得琵琶成，名属教坊第一部。曲罢曾教善才服，妆成每被秋娘妒。五陵年少争缠头，一曲红绡不知数。钿头银篦击节碎，血色罗裙翻酒污。今年欢笑复明年，秋月春风等闲度。弟走从军阿姨死，暮去朝来颜色故。门前冷落鞍马稀，老大嫁作商人妇。商人重利轻别离，前月浮梁买茶去。去来江口守空船，绕船月明江水寒。夜深忽梦少年事，梦啼妆泪红阑干。

我闻琵琶已叹息，又闻此语重唧唧。同是天涯沦落人，相逢何必曾相识！我从去年辞帝京，谪居卧病浔阳城。浔阳地僻无音乐，终岁不闻丝竹声。住近湓江地低湿，黄芦苦竹绕宅生。其间旦暮闻何物？杜鹃啼血猿哀鸣。春江花朝秋月夜，往往取酒还独倾。岂无山歌与村笛，呕哑嘲哳难为听。今夜闻君琵琶语，如听仙乐耳暂明。莫辞更坐弹一曲，为君翻作《琵琶行》。

感我此言良久立，却坐促弦弦转急。凄凄不似向前声，满座重闻皆掩泣。座中泣下谁最多？江州司马青衫湿。

入选教材：2019 年统编版高中《语文》必修上册

相关景点：琵琶亭

“同是天涯沦落人，相逢何必曾相识！”这一阶段是白居易的人生低谷，“浔阳地僻无音乐，终岁不闻丝竹声”。他学了陶渊明，常饮酒，却又不善饮。后来他写了一首诗赠给江州的朋友刘十九：“绿蚁新

醅酒，红泥小火炉。晚来天欲雪，能饮一杯无？”这样一种亲切自然、温软商量的语气，又不像贬谪江州、心里憋着一口怨气的白居易。

其实刚到江州时，白居易确实觉得这里荒蛮僻

烟水亭　胡铭　摄

远，到处都是黄芦苦竹。并且他到江州不久，就遇到了江南罕见的寒潮。这样一种人生早晚会遇到的荒寒，恰恰见证了他人生中最珍贵的相遇。“九江十年冬大雪，江水生冰树枝折。”白居易在给元稹的信中写道：“浔阳腊月，江风苦寒，岁暮鲜欢，夜长无睡。引笔铺纸，悄然灯前。有念则书，言无次第。勿以繁杂为倦，且以代一夕之话也。微之微之！知我心哉！”

江水和庐山、光阴和屋舍、青衫和云溪，水是这座城市的表情，九江是一座有倒影的城。江城不高，似乎保持着对周边事物的敬意，高的东西应该是庐山、云朵、古塔和寺院，还有白居易这样的伟大诗人。我们不难想象白居易此时的郁结，但正是九江这座小城拯救了白居易。在水的恬淡和山的明秀中，浔阳城抵御着喧嚣和浮躁，在江湖中不断生长。白居易的到来，让这座城市即将走向它的至亮时刻。《琵琶行》的出现，使这座城市有了传诵千古的诗歌。

当一个人遭受磨难和挫折的时候，往往是成就自己的最好机会。白居易是幸运的，在这个夜晚，悠悠的浔阳江水微微荡漾，瑟瑟的秋风拂过肌肤，在飘飞的荻花中，他遇见了一个琵琶女，他们同病相怜。琵琶女拨弄琴弦，汹涌的情绪顿时借着琵琶声宣泄而出，摇荡了整个江面。荻花落水，秋风哀怨，仿佛整个夜色、整个秋天都能明了她的哀伤。但其实并不能，此时此地，在一众暗暗垂泪的听者中间，只有那个拿袖子不住抹眼泪的男人听懂了她的忧愁。在湿漉漉的浔阳江畔，他逢着了一个知音，于是，他在她那嘈嘈切切琵琶声的伴奏下，将属于他们的故事，写成了平平仄仄的诗歌。同时，他还流下了两行滚烫的泪水，这泪水，沾湿了这位江州司马的青衫。直到今天，沾湿的青衫都还没有风干。

白居易用笔墨轻染了一片明月给九江，它超然于碧落，又让人伤感，“此时无声胜有声”。

琵琶亭沉浸式夜游灯光秀 宋小勇 摄

《桃花图》（局部）
清　恽寿平　故宫博物院藏

大林寺桃花

唐　白居易

人间四月芳菲尽，
山寺桃花始盛开。
长恨春归无觅处，
不知转入此中来。

入选教材：2018年统编版《语文》三年级下册

相关景点：庐山如琴湖、花径公园

　　这是庐山的花径，桃之夭夭，灼灼其华。

　　这一座山总和其他地方不同，山下的桃花都谢了，这里的桃花才刚刚盛开。

　　这一个人，他看待事物的眼光也总是和别人不同。人间的百花已谢，虽然春归无觅，他却在山寺中寻到春色。人眼中、心中的一切，是如此的欢喜，如此的舒展，又带

着些许惆怅。

读这样的诗，看这样的花，我们做了一个梦：“日出江花红胜火，春来江水绿如蓝。”如此，“能不忆江南”？贬谪江州快两年，生命的觉醒突如其来，来得蓬勃难挡。他内心其实已经开始欢喜，并且在心中开出一朵桃花来。

如果让你选一首诗来鼓励自己，你会选哪一首？

庐山如琴湖 查七津 摄

如果是我，我会选白居易的《大林寺桃花》，一首我们小学就学过，但是长大才懂的诗。只有经历过同辈给你的压力，被焦虑和挫败折磨之后，你才会明白这首诗真正的内涵。

“人间四月芳菲尽，山寺桃花始盛开。长恨春归无觅处，不知转入此中来。”这首诗写于白居易被贬为江州司马后的唐元和十二年（817 年），这一年他 46 岁，他曾抱怨“浔阳地僻无音乐”，被贬江州让他痛苦不已。

白居易最初因为宰相武元衡被刺而上书，结果被弹劾越权，随后又被人说他的母亲是因为看花坠井而亡，但他却写《赏花》和《新井》诗，有违名教。一个莫须有的罪名毁掉了他的前途，而他已到中年，前方等着他的一切都难以预料。

元和十二年（817 年）的暮春初夏之交，白居易登香炉峰，宿大林寺，看到山寺桃花，他忽然明白了点什么，于是写下了这首诗。

四月正是百花凋零的时候，但这个时候山中桃花才盛放。那么转念一想，其实在百花缭乱的三月，游人如织，欣赏春光，而山寺桃花却含苞静默，无人光顾。

同样是花，为什么别人会领先一步？落后的那个，心中不免会焦虑、慌张、自我否定，会想自己是不是真的不行。其实接下来的事情谁也不能预测。白居易字乐天，乐天知命，他做到了吗？此时的他或许并没有完全做到，但他已经能够放平心态。这里是九江，一块宝地，云冠高耸，江湖如斯，山寺的桃花次第开放，只有所有的花都开了一遍，才会走出春天。

这个时候，白居易选择像山寺桃花一样，坚定地相信自己，花终究会开！后来的历史证明了他的判断，白居易不仅写下了最好的诗，官至正二品，还活到古稀之年。

“长恨春归无觅处，不知转入此中来。”只要你愿意。

庐山花径桃花盛开 殷锡翔 摄

《香山九老图》（局部）
明　周臣　天津博物馆藏

问刘十九

唐　白居易

绿蚁新醅酒，红泥小火炉。

晚来天欲雪，能饮一杯无？

入选教材：2006年北师大版高中《语文》选修《唐诗欣赏》

相关特产：陈年封缸酒

在诗人心中，朋友和酒都是非常重要的。

对朋友不要吝啬，对酒也不要吝惜。

白居易很重视朋友，比如元稹。白居易与元稹，都是少年得志。白居易 29 岁就考中进士，自称“十七人中最少年”，同年登第的人中他是最年轻的。而元稹在 15 岁时就考中了明经，年少有为。在唐代，仅仅考中明经或进士不能授官，还要通过吏部铨试才能正式入仕，铨试决定成败。元、白二人都在长安孜孜不倦地备考，于唐贞元十八年（802 年）同时取得官职，被正式任命为秘书省校书郎，终于不用再忍受“京漂”生活。元、白志同道合，是生活中的挚友，更是文学和政治上的知己。

此后，他们一同吟咏风雅、走马行猎，醉饮于长安酒肆，30 年间唱和不断，在宦海浮沉中相互扶持，一同抨击权贵豪强，一同发起新乐府运动，开启了一段千古传颂的友谊。

在白居易看来，文学家应该忧心天下，时刻关心时事，关注社会，文坛不能只有风花雪月，而没有民生疾苦。在被贬九江的 3 年中，白居易在写给元稹的那篇著名长文《与元九书》中对新乐府运动做了总结，喊出了那句震古烁今的口号：“文章合为时而著，歌诗合为事而作。”

朋友是打开诗人心结的一把钥匙，酒也是。人欢乐时找酒，痛楚时也找酒。

“绿蚁新醅酒，红泥小火炉。晚来天欲雪，能饮一杯无？”

刘十九是作者在九江时的朋友，全诗寥寥20字，没有深远寄托，没有华丽辞藻，字里行间却洋溢着热烈欢快的色调和真挚炽热的情谊。米酒甘甜可口，粗拙小巧的火炉朴素温馨，炉火正烧得通红，诗人和朋友围炉而坐，火光照亮了暮色中的屋子，照亮了浮着绿色泡沫的美酒。在那样一个风寒雪飞的冬天里，在那样一个暮色苍茫的空闲时刻，邀请老朋友来饮酒叙旧，更体现出诗人那种浓浓的情谊。寒冬腊月，暮色苍茫，风雪大作，家酒新熟，炉火已生，只待朋友早点到来。寥寥几个意象连缀起来构成一幅有声有色、有形有态、有情有意的图画，其间流溢出友情的融融暖意和人性的阵阵芳香。《唐诗快》这样评价白居易：“岂非天下第一快活人。”

我们总说，人要清醒地生活，不要迷失自己。其实，人清醒的时候，未必明白什么是“真”。为什么酒后吐真言？大概是因为不吐不快，平时不敢说的话，仗着酒胆就敢说出来。白居易说了很多真话，他的酒经常喝得很真。

白居易的很多诗作，纯用口语，明白如话，可是字字千钩，看到一句是一句，就像陈年封缸酒，喝到一口是一口。

九江是四大米市之一，酿酒的材料足，酒很好。陈年封缸酒就起源于 1000 多年前的唐代元和年间，当时称为

“醅酒”，即未经过滤去糟的米酒。有桂花的时候，撒上桂花，可以小口小口地抿，也可以大口大口地闷，爱喝多少是多少，只要自己愿意和喜欢。

彭泽狄公楼（九江市文化广电旅游局供图）

《听泉图》（局部）

明　文徵明　中国台北故宫博物院藏

遗爱寺

唐　白居易

弄石临溪坐，
寻花绕寺行。
时时闻鸟语，
处处是泉声。

入选教材：2003年长春版《语文》二年级上册、沪教版《语文》二年级下册

相关景点：白居易草堂

一流诗人常常写出二流的诗，二流的诗人偶尔会写出一流的诗。以我个人的经验，每一首好诗都是横空出世的产物，诗人在写下它之前，唯有安静地守候才是正途。唐代文学史上，有一位诗人正是这样一直游弋在一流与二流之间，他既写出过一流的诗篇，也写出过数量庞大的二流乃至三流的作品，这个人就是白居易。白居易很多诗真挚浅白，他不是狂欢，而好像飞鸟投林，“落了片白茫茫大地真干净”。

就像这一首《遗爱寺》：“弄石临溪坐，寻花绕寺行。时时闻鸟语，处处是泉声。”此诗非常简单，适合小学生读，但读起来十分有味道。

诗人在小溪边玩赏那些奇形怪状的溪石，微风吹来，花香扑鼻，沁人心脾。诗人四处张望却不知花在何处，他绕寺而行，一路上漫步寻花，这里山光水色无限美好。小鸟的啾啾声十分动听，溪水汩汩流淌，声音不绝于耳。这一切，让诗人感到心旷神怡。诗人将石、溪、花、鸟、泉等多种自然景物有机地组合在一起，寥寥几笔便写出了山水悠远的意境。小诗也有小诗的味道，这是长诗没有的。

遗爱寺在香炉峰下，在白居易草堂的北面，现在已经被荒草淹没，只有一旁的桃花溪还在流淌。白居易在《庐山草堂记》中赞美庐山“匡庐奇秀甲天下山”，所以庐山秀甲天下的美誉延续了上千年。

庐山这样好，有无数条山溪，山溪旁有无数朵山花。泉水边，夜鸟咕叽，秋虫长鸣，清冷的光，轻灵的光，不染纤尘，清息万虑。

白居易写信告诉元稹：“仆去年秋始游庐山，到东西二林间香炉峰下，见云水泉石，胜绝第一，爱不能舍。”于是，白居易在这里建造了一座草堂。关于草堂建造的具体细节，他都记录在《庐山草堂记》中。草堂建好后，白居易每次前去常常住满 10 天。他甚至表示：“不唯忘归，可以终老。”

白居易草堂 何立新 摄

有这样的良辰美景相伴，可以在此度过一生。

元和十四年（819 年）三月，白居易离开九江。临走前他特地前往草堂告别，把诗文书稿交付东林寺长老，并书就“山色泉声莫惆怅，三年官满却归来”，认为自己终将归隐庐山，此去不过是暂别。唐长庆二年（822 年），白居易出任杭州刺史，赴任途中特意到九江草堂住宿一晚，感叹“五年方暂至，一宿又须回”；30 年后，白居易仍对九江念念不忘，

梦想重游："三十年前草堂主，而今虽在鬓如丝。登山寻水应无力，不似江州司马时。"

九江是他为官生涯的低谷，却是他后期受用不尽的聚宝盆。白居易一生留下3000多篇诗文，与九江相关的有370多篇。贬谪九江的日子，让白居易的政治观、人生观、文学观都发生了很大的变化。以被贬为江州司马为界，前期是兼济天下，后期渐渐趋向独善其身。

庐山东林寺

《庐山草堂图》（局部）　清　石涛　美国大都会美术馆藏

庐山草堂记

唐　白居易

匡庐奇秀甲天下山。山北峰曰香炉，峰北寺曰遗爱寺。介峰寺间，其境胜绝，又甲庐山。元和十一年秋，太原人白乐天见而爱之，若远行客过故乡，恋恋不能去。因面峰腋寺，作为草堂。

明年春，草堂成。三间两柱，二室四牖，广袤丰杀，一称心力。洞北户，来阴风，防徂暑也；敞南甍，纳阳日，虞祁寒也。木斫而已，不加丹；墙圬而已，不加白。砌阶用石，幂窗用纸，竹帘纻帏，率称是焉。堂中设木榻四，素屏二，漆琴一张，儒、道、佛书各三两卷。

乐天既来为主，仰观山，俯听泉，旁睨竹树云石，自辰及酉，应接不暇。俄而物诱气随，外适内和。一宿体宁，再宿心恬，三宿后颓然嗒然，不知其然而然。

自问其故。答曰：是居也，前有平地，轮广十丈；中有平台，半平地；台南有方池，倍平台。环池多山竹野卉，池中生白莲、白鱼。又南抵石涧，夹涧有古松、老杉，大仅十人围，高不知几百尺。修柯戛云，低枝拂潭，如幢竖，如盖张，如龙蛇走。松下多灌丛，萝茑叶蔓，骈织承翳，日月光不到地，盛夏风气如八、九月时。下铺白石，为出入道。堂北五步，据层崖积石，嵌空垤堄，杂木异草，盖覆其上。绿阴蒙蒙，朱实离离，不识其名，四时一色。又有飞泉，植茗就以烹燀，好事者见，可以永日。堂东有瀑布，水悬三尺，泻阶隅，落石渠，昏晓如练色，夜中如环珮琴筑声。堂西倚北崖右趾，以剖竹架空，引崖上泉，脉分线悬，自檐注砌，累累如贯珠，霏微如雨露，滴沥飘洒，随风远去。其四旁耳目、杖屦可及者，春有锦绣谷花，夏有石门涧云，秋有虎溪月，冬有炉峰雪。阴晴显晦，昏旦含吐，千变万状，不可殚纪，覼缕而言，故云甲庐山者。噫！凡人丰一屋，华一箦，而起居其间，尚不免有骄稳之态；今我为是物主，物至致知，各以类至，又安得不外适内和，体宁心恬哉！昔永、远、宗、雷辈十八人，同入此山，老死不返，去我千载，我知其心以是哉！

矧予自思：从幼迨老，若白屋，若朱门，凡所止，虽一日二日，辄覆篑土为台，聚拳石为山，环斗水为池，其喜山水病癖如此。一旦蹇剥，来佐江郡。郡守以优容而抚我，庐山以灵胜待我，是天与我时，地与我所，卒获所好，又何以求焉！尚以冗员所羁，余累未尽，或往或来，未遑宁处。待予异时，弟妹婚嫁毕，司马岁秩满，出处行止，得以自遂，则必左手引妻子，右手抱琴书，终老于斯，以成就我平生之志。清泉白石，实闻此言！

时三月二十七日，始居新堂。四月九日，与河南元集虚、范阳张允中、南阳张深之、东西二林长老凑、朗、满、晦、坚等凡二十有二人，具斋施茶果以落之。因为《草堂记》。

入选教材：1935 年《实验高中国文》，略有改动

相关景点：白居易草堂、花径公园

白居易在《庐山草堂记》中赞美庐山，“匡庐奇秀甲天下山”。元和十年（815 年）夏，主张削藩的宰相武元衡为藩镇势力所刺杀，朝野震惊。此时，白居易直言上谏缉拿凶犯以振朝威，遭权贵记恨，受到排挤，被贬为江州司马，从此开始了在九江五年的贬居生活。历经了沉浮的诗人看清了朝廷的腐败，在《琵琶行》一诗中，他曾对琵琶女产生“同是天涯沦落人”的沧桑感慨。被贬期间他访名山庐山，宿名寺东林寺，与庐山结下了深厚的缘分。

白居易住在浔阳城的第二年，即元和十一年（816 年）的秋天，他第一次登上了离浔阳城几十里远的庐山，并在东林寺小住数日。山里奇峰耸峙，佛殿云拥，野猿出没，山鸟鸣啭，真使白居易感到美不胜收，神醉心迷。特别是香炉峰北、遗爱寺南，介于峰寺之间的那一方天地，更使白居易觉得“其境胜绝”，“若远行客过故乡，恋恋不能去”。因此，他决定在这里建筑草堂，打算将来终老于此。次年春天，草堂落成，这座新居，“五架三间新草堂，石阶桂柱竹编墙。南檐纳日冬天暖，北户迎风夏月凉”。三月二十七日，白居易搬进草堂。四月九日，他邀请了河南的元集虚、范阳的张允中、南阳的张深之、东西二林寺的长老等 22 位好朋友，摆上斋饭茶果，吟诗品茗，举行了简单的庆祝仪式。白居易为记下自己欣喜的心情，奋笔疾书写下了著名的篇章《庐山草堂记》。

仁者乐山，智者乐水。都城长安没有这等美妙之景。在山水之间建一座草堂，读书写诗，安放身心，精神闲适愉快。“何以洗我耳，屋头飞落泉。何以净我眼，砌下生白莲。左手携一壶，右手挈五弦。傲然意自足，箕踞于其间。兴酣仰天歌，歌中聊寄言。”居住在这里，仰观山，俯听泉，旁瞰竹树云石。住上一天，精神舒畅安宁；住上两天，身心恬美通泰；住上三天，感觉妙不可言。如此天地人和，夫复何求？夜深灯亮，白居易兴奋地写信给元稹，分享此地的美妙风景。“封题之时，不觉欲曙。举头但见山僧一两人，或坐或睡。又闻山猿谷鸟，哀鸣啾啾。”夜不能寐，一直写到东方欲晓。

境由心造，心随境换。草堂窗外的风景，确实让人沉迷忘我。草堂内的家具陈设，则是让人清心寡欲。白居易的草堂装饰，走的是“极简”路线。堂中，设四个木榻，两扇素屏，一张漆琴。另有儒、道、佛书各三两卷。当然，还有古琴一张。建房所用的木材，仅用斧子砍削成形，不再用油漆彩绘。墙壁涂上泥巴即可，不再用石灰粉刷。砌台阶所用的石头是捡来的，窗户用白纸糊成，帘子用竹子编成，帐幕用麻布织就。可谓简洁又环保。

文章的三、四、五段为第三层，是全文的重心所在。作者叙述了他住在草堂时“外适内和，体宁心恬”之感及其原因，通过自问自答，抒发了自己对山水的热爱和希望终老草堂的心情。诗人在这里观赏景色，由早至晚，心气随着景物变化而感到十分舒适和畅。他住了几个晚上之后，感到心情恬淡，不思荣利，简直到了物我两忘的境地，不知为什么那样而竟然那样，即文中所谓“颓然嗒然，不知其然而然”。往下的“自答”部分，他详细生动地描绘了草堂附近的景物：草堂南边的方池夹涧、古松老杉，草堂北边的层崖积石、玲珑土丘、杂木细草，草堂东边的瀑布流水，以及草堂西边的

真如寺全景图　宋斌　摄

剖竹引泉。再配以四季之中四旁的花、云、月、雪诸种景观，真是千姿百态，美不胜收，令人无法忘怀。

《庐山草堂记》意到笔随，历数草堂之胜，他甚至把前半生的荣辱和毁誉全部忘却了：“庐山以灵胜待我，是天与我时，地与我所，卒获所好，又何以求焉！”白居易的青壮年时代，都是在宦海风波中匆匆度过的，他似乎觉得只有在庐山，才获得了青春的欢乐，乐天安命的思想也随之而生。草堂建成后，他坐轿骑马往返于浔阳与庐山之间，因留恋风景而居草堂的时日更多。

元和十三年（818年）十二月，白居易被任命为忠州刺史。这时白居易的内心既喜又忧，喜的是他获得了报效国家、施展才华的机会，忧的是就要离开秀美的庐山了。看着亲自设计的庐山草堂，亲手栽下的花木、开的地桩，他依依不舍，情不自禁地写下了这首情思缠绵的诗：“三间茅舍向山开，一带山泉绕舍回。山色泉声莫惆怅，三年官满却归来。”第二年，新年一过，白居易全家从浔阳城坐船溯江而上。离开庐山后，过去在庐山的日日夜夜使得白居易常常梦牵魂绕。长庆二年（822年）二月，他改任杭州刺史，在赴任途中，路过江州，又一次上到庐山，来到阔别了3年的草堂。那里的书房、药台、竹窗、莲池还和当年一模一样，草堂周围的景色，依旧十分动人。白居易特地在草堂住了一宿，第二天才返回江州，继续赶路。打这之后，诗人再也没能重返草堂。后来，白居易到了古稀之年，对庐山的怀念还是那样的真切、深沉。

每一座草堂都有故事，杜甫求安居，白居易寻解脱，王维寄情山水，李白则为待时而动。在那些失意的日子里，草堂就是慰藉诗人心灵的港湾，只有回到这里，他才会眉头稍展。好事者在今天的如琴湖畔新建了一座庐山草堂。穿过花径，我们走到草堂去。房屋小小的，房前院子的池塘边种满了鲜花，洁净无尘。这时候，云影微破，金黄色的太阳洒了下来，穿过梧桐的枝叶，留下了满庭稀疏的日影，婆娑斑驳。我们仿佛听到白居易在轻念陶渊明的诗句："此中有真意，欲辨已忘言。"

《仿赵伯驹莲舟新月图》（局部）

元　佚名　辽宁省博物馆藏

爱莲说

北宋　周敦颐

水陆草木之花，可爱者甚蕃。晋陶渊明独爱菊。自李唐来，世人甚爱牡丹。予独爱莲之出淤泥而不染，濯清涟而不妖，中通外直，不蔓不枝，香远益清，亭亭净植，可远观而不可亵玩焉。

予谓菊，花之隐逸者也；牡丹，花之富贵者也；莲，花之君子者也。噫！菊之爱，陶后鲜有闻。莲之爱，同予者何人？牡丹之爱，宜乎众矣。

入选教材：2016年统编版《语文》七年级下册

相关景点：濂溪墓、爱莲池

“出淤泥而不染，濯清涟而不妖”，那一朵莲花开在每个中国人的心上。它象征着君子，中通外直，不蔓不枝，外表儒雅不争，内心却极为坚韧，德行兼备，即使身处泥污，也能守住初心。

莲花也叫荷或芙蓉，荷花是九江市的市花，它代表一种城市精神，同时也纪念一个人。一方水土一方人物，莲花也是一方水土一方风味。

周敦颐是湖南道县人，他遇见九江，纯属偶然。周敦颐第一次到九江的时候已经 45 岁，他去赣州赴任途中，第一次看见庐山，就喜欢上了这座秀美的山。周敦颐此后常想念庐山。他喜爱庐山北麓莲花峰一带的清雅环境，尤为喜爱从莲花洞流出的一股清泉，这条溪流很像他家乡的濂溪。他晚年归隐庐山，把这条小溪命名为“濂溪”，并筑室溪上，名之曰“濂溪书堂”。他还把母亲的墓迁到了庐山，从此居濂溪书堂，授学、访友、问道。北宋熙宁六年（1073 年）六月，周敦颐病逝，终年 57 岁，葬在其母亲墓的一侧，依然远远对着小小的濂溪，对着高高的莲花峰。

人们说，没有人比他更爱莲花了。他的命格如此，笔下很少有污泥浊水。

九江有幸，有了周敦颐，有了爱莲池和濂溪区。

我们读一读《爱莲说》。读书人有自己的至高境界。大家可以选择牡丹，只是作者独爱莲。在莲和牡丹之间还需要选择吗？还需要思考吗？还需要犹豫吗？对于读书人来说，这是一个不成问题的问题，是一个不需要考虑的问题。没有疑问，不必犹豫就可以做出选择。

《爱莲说》的主题不是贫与富。文中莲花、菊花、牡丹三者的对比，给出两条取舍路径：其一，取莲而舍菊；其二，取莲而舍牡丹。牡丹的象征是最为明朗的，富贵这一人生目标最有影响、最庸俗，也最容易实现。文中指出爱牡丹的是众人，文章之外关注牡丹、富贵主题的仍然是众人，而菊花、隐逸的意图则被掩盖起来。莲与菊的取舍，实际上是作者更深层的隐忧所在。究其实，周敦颐心怀天下，君子有所为有所不为，君子当自强不息，只此方为他爱莲之本意。

自此，莲花有了洁癖。在爱莲池，我们可以去看花，看一池莲花，或者一池莲蓬，硕大的水珠在荷叶上悠悠滚过，晃出一阵阵清凉。印度诗人泰戈尔说：“你是在荷叶下面的大露珠，我是在荷叶上面的小露珠。”我想，风过，云舒，鸟飞，荷花动，我们每个人都会爱上出淤泥而不染的莲花。

庐山夏夜　黄晓敏　摄

《千里江山图》（局部）

北宋　王希孟　故宫博物院藏

题西林壁

北宋　苏轼

横看成岭侧成峰，
远近高低各不同。
不识庐山真面目，
只缘身在此山中。

入选教材：2019 年统编版《语文》四年级上册
相关景点：庐山西林寺、东林寺

苏轼四过庐山，在这里写下 40 首诗歌，其中最有名的是这一首：“横看成岭侧成峰，远近高低各不同。不识庐山真面目，只缘身在此山中。”

那么，庐山到底是什么样子的呢？

比如，春天的庐山，山石光润，草木葱茏，整座山云雾缭绕，好像披上了一层神秘的面纱。

我们不懂庐山，这是必然的。庐山雄奇险秀，处处有差异，季季景不同。一千个人眼中有一千个哈姆雷特，一千个游人眼中也有一千座庐山。为什么呢？显然是因为观察的角度不同。这个道理似乎很简单，其实不然。苏轼身处庐山之

中，四周层峦叠嶂，已辨别不出此刻究竟身在何处。四周的山峦变幻莫测，不同的方向呈现不同的景色。造物者这无尽的艺术构思，可谓波澜壮阔，气韵迭起。而人看自己，就如看庐山一样，难以看清真面目，因为人最难认识的就是自己。古人是以心看人，而心则长在自己的肚子里，人们往往容易看到自己的长处，而难认识自己的短处，这正是问题的源头。每一个人，只有站在新的高度来观世界、看自身，才能看到真实的世界、真实的自己。

北宋元丰七年（1084 年），苏轼来到庐山。晨光映射下的庐山，云蒸霞蔚，奇峰异石犹如披上了绚丽的外衣。幽

庐山五老峰 殷锡翔 摄

静翠绿的山间小道也沐浴着晨光，凉爽的山风划过树梢，清晨的阳光从绿叶交错的缝隙中洒落，在长满青苔的石板路上留下一个个斑驳的光点。

如此胜境，确实是造物者的名篇杰作，绝非人类的语言所能描述。因此，初入庐山之前，苏轼便与朋友约定：此次登临庐山，纯属游赏，放松心情，不作诗。奇怪的是，不知为何，苏轼到来的消息早已传遍庐山上下，所到之处，山中僧侣纷纷奔走相告，都跑来一睹这位文章盖世的大才子。苏

庐山西林塔 丁敏 摄

苏轼最后只得在庐山西林寺墙壁上信手涂鸦一首，没想到，这首涂鸦之作成为描写庐山诗歌的“天花板”。千年之后，这首诗依然焕发着哲理的光芒和旺盛的生命力。

面对庐山的云遮雾罩、烟雨迷蒙，苏轼并未只沉浸于对美景的赏玩感叹，而是清醒地观察、理智地思索，透过庐山迷雾的表象看透它真实的本质。

这就是苏轼，让人们崇敬、爱戴、仰慕、钦佩、尊重，以及喜欢。他多才多艺，一人千面，在不同时代、不同阶层人眼中，他有着不同的面貌和称呼，但是最后大家都把“喜欢”二字给了他。庐山是他最喜欢的地方之一。他写的诗歌最大的特点就是充满哲理。据说，他生前写的最后一首诗，是给小儿子苏过的，无题，只有四句话：“庐山烟雨浙江潮，未到千般恨不消。到得还来别无事，庐山烟雨浙江潮。”北宋时，庐山的烟雨和浙江的潮水是两处名气很大的景点，文人如不去，则谈不上是什么文旅名家，所以非去不可。但是看了以后，景色并没有想象中的那样神奇。山还是山，水还是水。我们拼尽心力去争取的事物，其实并没有我们原来想象的那么重要。只要心中光明，必然豁然开朗。

庐山云海　叶建华　摄

《治平帖》（局部）

北宋　苏轼　故宫博物院藏

石钟山记

北宋　苏轼

《水经》云：“彭蠡之口有石钟山焉。”郦元以为下临深潭，微风鼓浪，水石相搏，声如洪钟。是说也，人常疑之。今以钟磬置水中，虽大风浪不能鸣也，而况石乎！至唐李渤始访其遗踪，得双石于潭上，扣而聆之，南声函胡，北音清越，桴止响腾，余韵徐歇。自以为得之矣。然是说也，余尤疑之。石之铿然有声者，所在皆是也，而此独以钟名，何哉？

元丰七年六月丁丑，余自齐安舟行适临汝，而长子迈将赴饶之德兴尉，送之至湖口，因得观所谓石钟者。寺僧使小童持斧，于乱石间择其一二扣之，硿硿焉。余固笑而不信也。至暮夜月明，独与迈乘小舟，至绝壁下。大石侧立千尺，如猛兽奇鬼，森然欲搏人；而山上栖鹘，闻人声亦惊起，磔磔云霄间；又有若老人咳且笑于山谷中者，或曰此鹳鹤也。余方心动欲还，而大声发于水上，噌吰如钟鼓不绝。舟人大恐。徐而察之，则山下皆石穴罅，不知其浅深，微波入焉，涵澹澎湃而为此也。舟回至两山间，将入港口，有大石当中流，可坐百人，空中而多窍，与风水相吞吐，有窾坎镗鞳之声，与向之噌吰者相应，如乐作焉。因笑谓迈曰："汝识之乎？噌吰者，周景王之无射也；窾坎镗鞳者，魏庄子之歌钟也。古之人不余欺也！"

事不目见耳闻，而臆断其有无，可乎？郦元之所见闻，殆与余同，而言之不详；士大夫终不肯以小舟夜泊绝壁之下，故莫能知；而渔工水师虽知而不能言。此世所以不传也。而陋者乃以斧斤考击而求之，自以为得其实。余是以记之，盖叹郦元之简，而笑李渤之陋也。

入选教材：2019 年统编版高中《语文》选择性必修下册
相关景点：石钟山景区

船行湖口，长江和鄱阳湖在此交汇，石钟如砥，水流滔滔。

石钟山的地理位置好：在湖口一望，景象是气吞山河、水天相接。山上有亭，亭上有联：“江湖水分两色，石钟浪击千年。”就像苏轼的词，大江东去，有豪放气。豪放是大境界，鄱阳湖也辽阔，水流浩荡，让人视野开阔。

石钟山的名字也好：山以钟名，千古流传。季羡林先生说：“幼时读苏东坡《石钟山记》，爱其文章奇诡，绘声绘色，大为钦佩，爱不释手，往复诵读，至今犹能背诵，只字不遗。但是，我从来也没有敢想，自己能够亲履其地。

湖口石钟山（九江市文化广电旅游局供图）

今天竟能于无意中来到这里，真正像做梦一般，用金圣叹的笔调来表达，就是‘岂不快哉！’”

自从苏轼写了《石钟山记》这篇文章后，山因人传，山随文走，石钟山的名气随之提升了不知多少，几乎变得天下皆知了。宋代以后又有许多人来考察此山，石钟山名字的由来也产生了一种新的解释。有的人说，石钟山整座山内部都被侵蚀一空，仿佛一口巨大的石钟扣覆在地面上，故此得名“石钟山”；有的学者主张把各种观点结合起来，即石钟山得名既有整座山形似巨钟的原因，也有水波浸灌山体缝穴发出钟声的原因。尽管关于石钟山命名的由来众说纷纭，莫衷

湖口江湖两色　陶淼金　摄

一是，但是，苏轼这篇《石钟山记》在所有描写石钟山的文章中，是艺术成就最高、影响最大的，这是毫无争议的。遥想当年，苏轼父子于深夜时分，以一叶扁舟，在风浪中亲临深潭，随波逐流，不惧小船倾覆的危境。这种求真务实、勇于探险的精神，思之不禁令人神往，肃然起敬。从夜访石钟山这件事情中，苏轼得出结论：凡事不亲眼看到、亲耳听到，仅根据主观猜测去推断它的有或没有，是不可能得出正确结论的。

阅读苏轼文章的时候，我们总是很难将注意力全部集中到他的文学成就上。虽然他留下了那么多诗词，声声入耳入心，但我们总是希望，而且总能够从他身上找到我们活着的理由和价值。在这里，我们不仅能感受到他的质疑精神，也能体会到他淡泊纯粹的心性，并发现他的教子有方。他坐一小舟，夜探石钟山，我们仿佛看到了一位诗人对生活的热爱，他始终自由自在，圆润、饱满、通透，对生活报以兴趣，报以微笑。他曾在诗中写道："九死南荒吾不恨，兹游奇绝冠平生！"这样的人生境界确非常人所能抵达，哪怕放眼中国文学史，能做到的又有几人呢？

《孤山图》（局部）
元　钱选　故宫博物院藏

过小孤山大孤山

南宋　陆游

八月一日，过烽火矶。南朝自武昌至京口，列置烽燧，此山当是其一也。自舟中望山，突兀而已。及抛江过其下，嵌岩窦穴，怪奇万状，色泽莹润，亦与它石迥异。又有一石，不附山，杰然特起，高百余尺，丹藤翠蔓，罗络其上，如宝装屏风。是日风静，舟行颇迟，又秋深潦缩，故得尽见，杜老所谓“幸有舟楫迟，得尽所历妙”也。

过澎浪矶、小孤山，二山东西相望。小孤属舒州宿松县，有戍兵。凡江中独山，如金山、焦山、落星之类，皆名天下，然峭拔秀丽皆不可与小孤比。自数十里外望之，碧峰巉然孤起，上干云霄，已非它山可拟，愈近愈秀，冬夏晴雨，姿态万变，信造化之尤物也。但祠宇极于荒残，若稍饰以楼观亭榭，与江山相发挥，自当高出金山之上矣。庙在山之西麓，额曰“惠济”，神曰“安济夫人”。绍兴初，张魏公自湖湘还，尝加营葺，有碑载其事。又有别祠在澎浪矶，属江州彭泽县，三面临江，倒影水中，亦占一山之胜。舟过矶，虽无风，亦浪涌，盖以此得名也。昔人诗有“舟中估客莫漫狂，小姑前年嫁彭郎”之句，传者因谓小孤庙有彭郎像，澎浪庙有小姑像，实不然也。晚泊沙夹，距小孤一里。微雨，复以小艇游庙中，南望彭泽、都昌诸山，烟雨空濛，鸥鹭灭没，极登临之胜，徙倚久之而归。方立庙门，有俊鹘抟水禽，掠江东南去，甚可壮也。庙祝云，山有栖鹘甚多。

二日早，行未二十里，忽风云腾涌，急系缆。俄复开霁，遂行泛彭蠡口，四望无际，乃知太白“开帆入天镜”之句为妙。始见庐山及大孤。大孤状类西梁，虽不可拟小姑之秀丽，然小孤之旁，颇有沙洲葭苇，大孤则四际渺弥皆大江，望之如浮水面，亦一奇也。江自湖口分一支为南江，盖江西路也。江水浑浊，每汲用，皆以杏仁澄之，过夕乃可饮。南江则极清澈，合处如引绳，不相乱。晚抵江州。州治德化县，即唐之浔阳县，柴桑、栗里，皆其地也；南唐为奉化军节度，今为定江军。岸土赤而壁立，东坡先生所谓“舟人指点岸如赪”者也。泊湓浦，水亦甚清，不与江水乱。自七月二十六日至是，首尾才六日，其间一日阻风不行，实以四日半溯流行七百里云。

入选教材：2005 年人教版高中《语文》选修《中国古代诗歌散文欣赏》

相关景点：鞋山（大孤山）

九江，大江行曲，大山雄浑。文人骚客但来九江，无不舒情缀景，游心太玄，触物皆留情。陆游出生在一条官船之上，一生好游。他的游记对沿途所见风土民俗的叙写相当常见，随意点缀，涉笔成趣。与九江有关的片段恰是《入蜀记》中最富有生活气息的部分。

陆游所到的九江，是宋代的九江，那时的风月无与伦比。《入蜀记》中记载，陆游在七月二十八日进入彭泽的马当。七月二十九日，在彭泽马当港，陆游遇到大风，看到许多划着小舟、冒着风雨卖柴卖菜的农民。在龙开河口，他看到九江人在放灯祈福，蔽江而下，如繁星洒天，蔚为壮观。在濂溪区新桥，他看到古道边市场繁荣，山溪边多是百年以上的

高大乔木。他夜游东林古寺，与老僧话旧，写下一首七律。夜晚借宿在山寺禅房，半夜被一个声音惊醒，打开窗户一看，月下是一片旷野，根本不见人影。不知从何处传来了舂米的声音，让人在虚静中感觉到了一丝神秘。他去“天下第一泉”谷帘泉取水，赞美泉水甘腴清冷，具备众美。在瑞昌赤湖的江面上，他看见了江豚，“江中见物，有双角，远望正如小犊，出没水中有声”。

大孤山与小孤山不同，如以“秀丽”作为评价大孤山的标准，按理说很难下笔。但作者却在末段写大孤山之壮丽奇观时，别开生面，以小孤山之秀丽对比映衬，采用先抑后扬的笔法，引人入胜。大孤山的美自是无法言说，比如水面天

鞋山花海 李学华 摄

鄱阳湖二桥　周继根　摄

心，比如渔舟唱晚，比如皓月千里，比如日出旭旭。大孤山地处鄱阳湖与长江的交汇处，又是从南至北百余里湖面上的唯一大岛。水运发达的时候，大孤山是进入江西的咽喉。李白说：“开帆入天镜，直向彭湖东。”他来到鄱阳湖第一眼见到的应该就是孤傲的大孤山。大孤山就像一位老人，折叠了多少波涛，积压了多少风霜，纵览了多少流云！

是的，最个性的也是最孤独的。

再读一个孤独的人，陆游。提起他的名字，大家首先会想起“爱国”二字。他的一生，波澜壮阔，诗歌取豪放一路，散文却如此平实秀丽。陆游的文气给山水以慰藉，各自冷暖、各自悲欢。登大孤山，几只水鸟掠过，鄱阳湖水连成一片，青山斜阳，渔歌互答，旧时景象大抵如此。

鄱阳湖鞋山　曹俊林　摄

《匡庐图》（局部）
五代　荆浩　中国台北故宫博

庐山云雾

当代　江祖凡

古往今来，人们提到庐山，常常把它和云雾连在一起。苏轼的名句“不识庐山真面目”，更使游客对庐山云雾产生了神秘感。

清代一位学者，为了探求庐山云雾的奥秘，曾在庐山大天池整整观看云海100天。他对“一起千百里，一盖千百峰”的庐山云雾“爱如性命”，自称“云痴”，恨不得“餐云”“眠云”，可见庐山云雾是多么令人心醉。

的确，庐山云雾，瞬息万变，趣味无穷。游客乘车登山，刚刚在九江看到的山间云，转眼间变成弥漫窗外的浓雾。雾来时，风起浪涌；雾去时，飘飘悠悠。雾浓时，像帷幕遮住了万般秀色；雾稀时，像轻纱给山川披上了一层飘逸的外衣。

庐山雾，对山镇牯岭特别有感情，一年365天，有197天与它朝夕相处。庐山雾时而冉冉升起，使人终日不见庐山真面目；时而雾气团团相衔，浮游荡漾。牯岭一半隐进仙境，一半留在人间。

庐山云雾中最壮观的要算云海。庐山云海一年四季都可看见，尤其是春秋两季最美。每当雨过天晴，站在“大天池”等处俯瞰，只见万顷白云转眼间汇成一片汪洋大海。云海茫茫，波涛起伏，青峰秀岭出没在云海之上，变成了云海上的小岛。特别是太阳照耀下的云海，更是绚丽动人。雨后的夕阳如同一轮火球，燃烧在云絮翻飞的银涛雪浪之上，将云絮染上斑斓的色彩。微风吹拂，云絮好像仙女手中的彩练；又如万朵芙蓉，竞相开放。

这神奇的庐山云雾是哪儿来的呢？原来庐山峰峦林立，峡谷纵横，构成了云雾滋生的天然条件。而江湖环绕的地理位置，又为庐山提供了生成云雾的充足水汽，水汽一旦碰上空气中的尘埃，就成了小水滴。数不清的小水滴就形成了美丽神奇的庐山云雾。

入选教材：1996 年浙教版《语文》第十一册；2004 年冀教版《语文》七年级下册，略有改动

相关景点：庐山

《庐山白云图》（局部）

清　王翚　故宫博物院藏

庐山的云雾

当代　佚名

景色秀丽的庐山，有高峰，有幽谷，有瀑布，有溪流，那变幻无常的云雾，更给它增添了几分神秘的色彩。在山上游览，似乎随手就能摸到飘来的云雾。漫步山道，常常会有一种腾云驾雾、飘飘欲仙的感觉。

庐山的云雾千姿百态。那些笼罩在山头的云雾，就像是戴在山顶上的白色绒帽；那些缠绕在半山的云雾，又像是系在山腰间的一条条玉带。云雾弥漫山谷，它是茫茫的大海；云雾遮挡山峰，它又是巨大的天幕。

庐山的云雾瞬息万变。眼前的云雾，刚刚还是随风飘荡的一缕轻烟，转眼间就变成了一泻千里的九天银河；明明是一匹四蹄生风的白马，还没等你完全看清楚，它又变成了漂浮在北冰洋上的一座冰山……

云遮雾罩的庐山，真令人流连忘返。

入选教材：2017 年苏教版《语文》三年级上册

相关景点：庐山

“黄云万里动风色，白波九道流雪山。”庐山的云雾非常神奇。

唐代诗人钱珝在他的《江行无题·一百首》的第六十九首中写道：“咫尺愁风雨，匡庐不可登。只疑云雾窟，犹有六朝僧。”“苍润高逸，秀出东南”，被誉为“人文圣山”的庐山，也是一座气象景观名山。庐山东偎鄱阳湖，北临长江，丰沛的水汽让其一年中有将近两百天云雾缭绕，因此其也被称作“云雾窟”。

庐山位于亚热带季风湿润气候区，年平均相对湿度达78%，4月至9月甚至能超过81%。气流在这里和山地默契配合，生成的水汽凝结，不易扩散，便成了云、雾。根据气象观测记录，庐山一年的雾日最多达223天，最少的也有158天。每年5月至9月，是庐山云海、云瀑出现的集中期，雨后转晴时是最佳观赏时间。云雾缭绕，处在云中的游客看到的是雾，云外的游客看到的是成片的云海，低处看是雾，高处看是云，变化莫测。云雾是大气中的一种重要气象，也是气象学家关注的重点。早在20世纪50年代，科研人员便在庐山建立了云雾观测试验基地，开展人工增雨试验。科研人员还在庐山探索消雾技术，相关成果已在国内很多机场、港口应用。可以说，庐山是我国人工影响天气工作的发源地之一，也是培养相关科技工作者的摇篮。资料显示，1960 年至 1980 年，庐山云雾试验站进行了 20 余年的云雾试验与观测，开我国高山云雾物理观测与试验研究的先河，积累了大量的云、雨、冰晶、雨滴谱等第一手观测资料。同时，也培养和造就了我国一大批具有创新精神的人工影响天气科技人才，

包括老一代云雾物理专家郭恩铭、胡志晋、游来光、许焕斌等。

云海，是庐山的一大奇观，特别是冬天的云海，比其他季节更加奇绝壮观。在观云亭看云，只见山峰叠峙，危崖突兀，幽壑纵横。气流在山峦间穿行，上行下跌，环流活跃。漫天的云雾，随风飘移，时而上升，时而下坠，

庐山瀑布云　齐美建　摄

仙山琼阁　张爱良　摄

时而回旋，时而舒展，构成了一幅奇特的、千变万化的云海大观。风平浪静之际，白云茫茫，一铺万顷。无数的山峰被白云淹没，只剩下几个峰尖，像是大海中的岛屿。转瞬之间，又波起峰涌，浪花飞溅，惊涛拍岸。动静结合，造化出变幻莫测、气象万千的人间仙境。难怪清代著名学者舒白香游庐山后，被山间变幻莫测的云雾深深吸引，待在山上看了3个多月仍未尽兴。他在《天池赋》中这样记述云海奇观："岩下白云，纷纷徐起，皎若凝脂，皓如堆絮，宝日映之，晶莹化水。虽渤澥之银涛，犹嫌不静，即昆仑之艳雪，亦难相拟。"

我以为，云雾是庐山的婚纱，有了这层衣裳，庐山可以时时做新娘。

庐山仰天坪　殷锡翔　摄

《人民和总理》（局部）
1979 年　周思聪
中国美术馆藏

一张珍贵的照片

当代 佚名

庐山脚下的一个村子里，有户姓周的人家。他们家堂屋里挂着一张照片，是周总理和一个小姑娘的合影。这个小姑娘就是他们家的桂花。

这张珍贵的照片是1961年拍的。桂花记得很清楚，那一天是9月17日，小桂花刚舂完米，坐在门口歇息。这时候，公路上开过来几辆小汽车，在她家门口停住了，走出来好几位干部。小桂花见了生人，连忙站起来想避进屋里去，却被一位干部叫住了。那位干部问她：“小姑娘，你认得观音桥吗？给我们带个路好不好？”小桂花回答说：“好。”这时一位六十多岁的老干部走过来拉着她的手，跟着她向观音桥走去。

小桂花抬头一看，这位老干部好像在哪里见过似的，花白的头发，浓黑的眉毛，慈祥的眼睛，亲切的笑容。正好有一位干部走过来，叫了一声：“周总理……”小桂花一听，甭提多高兴了。她望着总理，心在怦怦地跳。总理微微弯下腰，温和地问她姓什么，叫什么，几岁了。小桂花都一一做了回答。总理又问：“读书了吗？”小桂花说：“读过两年。”总理又问：“现在在家里干什么？”小桂花说：“放牛。”提到放牛，总理提高嗓门说：“啊，放黄牛还是放水牛？要是放水牛，那你可以骑在牛背上罗！”说完，大声笑开了。

小桂花没想到总理也懂得放牛。她看周总理笑得那么高兴，心里也不紧张了，大胆地回答说：“我放的黄牛，骑不得，会摔下来的。”周总理又爽朗地笑了。

小桂花把周总理他们领到了观音桥，不想回家，总理拉着她的手，说：“来，咱们照张相。”

这一下可把小桂花乐坏了。十三岁了，她还是第一次照相哩，而且是和周总理照相啊！

照完相，周总理拿了块湿毛巾，把小桂花那双沾了泥巴的小手擦得干干净净，再递给她一个又大又红的苹果。小桂花站在总理的身边，大口大口地咬着又香又甜的苹果。她觉得自己是世界上最快活最幸福的人。

从观音桥回来，周总理拉着小桂花的手，一定要到小桂花家里去看看。一进门，总理对小桂花的爹说：“老同志，你的小姑娘给我们带路，耽误了她吃饭，很对不起。这点糖果和饼干，就送给她吃吧。”

小桂花的爹正要谦让，小桂花说：“爹，这是周总理啊！”

“啊，丫头，你怎么早不说？”小桂花的爹连忙让座，用袖子把一条长凳抹了又抹。

总理拉着小桂花的爹一起坐在长凳上，笑着对他说：“你也姓周吧，那我是到了家里了！”

不知什么时候，屋子里已经挤满了老乡们，大家都乐呵呵地望着周总理。周总理关心地问大家可吃得饱。大家有点迟疑，怕说错了。总理说：“不要怕，都是自家人。你们不说我也知道，现在是困难时期。”

小桂花的爹低着头，轻轻地说：“不瞒总理说，这两年不比前些年，饱是不太饱。这么大的国家，当家可不容易，总有个饥饱的啊！”

周总理认真地听着，不住地点头。过了一会儿，他站起来沉着有力地说：“这一两年我们受了灾，又有人‘卡我们的脖子’，日子过得是困难。只要我们艰苦奋斗，自力更生，光景一定会好起来的！大家要攒劲干，多打粮食，多养猪，多养鸡，依靠集体，战胜困难！”

总理的话，给了大家很大的鼓舞，满屋子的人都议论起来。小桂花她爹说：“总理您放心，我们一定好好干，加劲干！”

周总理起身要走了，小桂花全家热情邀请

总理吃了饭再走。总理摆摆手说："今天不吃了，等你们大家的日子过得红火了，我再来你们这儿做客。"

入选教材：1982 年人教版《语文》第九册，略有改动

相关景点：庐山观音桥

1977 年 1 月 12 日，《江西日报》头版头条大篇幅刊登了记者代笔的周桂花怀念周恩来总理的文章《手捧照片思亲人，无限怀念周总理》，左边配了一张周桂花依偎在周恩来身边的照片。随后，这篇文章被改编为《一张珍贵的照片》，编入 20 世纪 80 年代人教版小学语文课本。

这篇课文中的故事令人感动，课文里出现的观音桥也是庐山自古以来就出名的好去处。

庐山有一口泉水叫招隐泉。相传，唐代茶圣陆羽为了品定天下名泉，曾于唐代上元年间，不辞劳苦，来到庐山。他走入桥边的一座亭子中，听到有珠落玉盘的泉水之声，原来亭旁有一眼泉水。陆羽走过去，酌满泉水，呷上一口，原只想解解口渴，却习惯性地品味起来：清洌中蕴蓄着香甜，甘爽中潜藏着清凉。此后，陆羽常到这里仰观山色浮云，俯视招隐清泉，取水于亭中烹煮云雾茶。最后他将招隐泉评定为“天

庐山观音桥　宋小勇　摄

小坝秋色　缪华　摄

下第六泉”。从此，招隐泉又多了一个“第六泉”的美名。

庐山有一座寺院叫栖贤寺。唐代宝历初年，李渤读书于栖贤谷中，将栖贤寺迁于此。李渤出任江州刺史后，委托归宗寺高僧智常在此管理。寺前有玉渊潭，苏轼、苏辙、黄庭坚、王十朋、范成大、周必大、杨万里、朱熹、张孝祥等人都曾在此留下诗篇。

庐山有一座桥叫观音桥。桥是一座单孔石拱桥，岩石间不用灰浆，而以子母榫凹凸相接构成。观音桥被誉为“南国桥梁建筑上的一颗明珠”。千百年来观音桥任凭桥下“银河倾泻，起蛰千雷”的三峡涧水狂奔撞击，桥身始终安然无恙；

即使经受汽车重压也岿然不动。

民国时期，庐山被称为国民政府的“夏都”。蒋介石等人多次来到观音桥，冯玉祥于1936年夏游览观音桥时，在玉渊潭边的崖壁上留下了题刻。中华人民共和国成立后，董必武、李先念、陶铸等人都先后参观游览过观音桥。

桥下的溪水，蜿蜒几十里，穿过周桂花的家，穿过了稻田和菊篱。这个地方，正如陶渊明所说：“暧暧远人村，依依墟里烟。” 这个叫星子的地方，在山水间漂浮着，五老峰在松云间峭拔的样子很是好看。

庐山西海　周继根　摄

《九八纪事》 1998年 袁武

大江保卫战

当代　佚名

1998年的夏天。暴雨，大暴雨，一场接着一场，奔腾不息的长江，转瞬间变成了一条暴怒的巨龙，疯狂地撕咬着千里江堤。荆江告急！武汉告急！九江告急！……灾情就是命令，灾区就是战场。在这万分危急的关头，几十万解放军官兵日夜兼程，朝着大江挺进。他们和几百万人民群众一起，打响了气壮山河的大江保卫战。

7月27日凌晨两点，九江赛城湖的大堤塌陷了。四百多名官兵闻讯赶到。支队长一声令下："上！"顿时，一条长龙在崩塌的堤坝下出现了。官兵们肩扛沉重的沙包，在泥水中来回穿梭。有的为了行走快捷，索性赤脚奔跑起来。嶙峋的片石割破了脚趾，他们全然不顾，心中只有一个念头："大堤，保住大堤！"狂风卷着巨浪，猛烈地撕扯着堤岸。战士们高声喊道：“狂风为我们呐喊！暴雨为我们助威！巨浪为我们加油！”他们一个个奋然跳入水中，用自己的血肉之躯筑起了一道人墙。经过几个小时的鏖战，大堤保住了，官兵们浑身上下却是伤痕累累。“风声雨声涛声，声声震耳；雨水汗水血水，水水相融。”这是人民子弟兵在这场惊心动魄的大决战中的真实写照。

面对肆虐的洪水，更显出人民子弟兵铮铮铁汉的本色。

解放军某部四连连长黄晓文正扛着麻包在稀泥中奔跑，忽然觉得脚底一阵疼痛，抬脚一看，原来是一根铁钉扎了进去。团长见状，马上派人去找随队军医。黄晓文大声说：“来不及了！”说着，一咬牙，猛地把铁钉一拔，一股鲜血涌了出来。黄晓文随即从身上扯下一绺布条，三下两下把脚捆了个结实，二话没说，转身扛起地上的麻包，又爬上了大堤……在那几十个难忘的日日夜夜，有多少这样感人的事迹啊！

汹涌的激流中，战士们的冲锋舟劈波斩浪，飞向漂动的树梢，飞向灭顶的房屋，飞向摇摇欲坠的电杆。在安造垸，他们救出了被洪水围困了三天三夜的幼儿园老师周运兰；在簰洲湾，他们给攀上树梢等待了九个小时的小江珊以生的希望……哪里有洪水，哪里就有军旗飘扬；哪里有危险，哪里就有军徽闪烁。滔滔洪水中的群众，看到了红五星，看到了迷彩服，就像看到了他们的大救星。

大江，永远铭记着1998年的夏天，铭记着我英勇的人民子弟兵。

入选教材：2004年苏教版《语文》五年级下册
相关景点：抗洪广场

《大江保卫战》展开了一幅轰轰烈烈的历史画卷。1998年夏天，气候异常，暴雨频发，长江出现全流域性大水，东北松花江也暴发特大洪水。千钧一发之际，在党中央的坚强领导下，全党、全军和全国人民紧急行动起来，广大党员干部、群众同解放军指战员、武警官兵一起，团结奋战，力挽狂澜，同洪水进行了惊心动魄的殊死搏斗。在这场伟大的抗洪抢险斗争中形成的“万众一心、众志成城，不怕困难、顽

强拼搏，坚韧不拔、敢于胜利”的抗洪精神，成为中国人民弥足珍贵的精神财富。

九江市西向的长江南岸，也就是当年城防大堤的 4 号闸口和 5 号闸口之间，矗立着一座 19.98 米高的纪念碑，上面镂空雕刻着多个“1998”数字。九江人都知道，这座纪念碑就是为了纪念 1998 年中国军民抗击那场震动全国的特大洪水的胜利以及九江封堵长江大堤决口的壮举而建的。

长江国家文化公园（九江段） 周靖 摄

1998年8月7日，历史将永远铭记这个日子。13时50分，长江九江大堤发生决口，决口位于九江市城区长江大堤上游段4号闸口至5号闸口之间，汹涌的长江洪水在这里冲破大堤，决口60多米，淹没了九江市西区。中央军委紧急调动南京军区、北京军区某集团军和福建、江西武警等部队堵口。

这一天是长江九江大堤超过警戒水位的第45天。之前，因为第二号台风影响，九江水位陡然升至22.84米，超出警戒水位3.34米。汹涌的洪水，粗暴蛮横地冲击着已经松软的长江大堤，一股股暗流化作泡泉涌出。

一名日常巡查的公安，于13时12分在九江长江大堤4号、5号闸口之间发现了3个泡泉，还没有来得及采取措施，不到1米距离内的3个鸡蛋大的泡泉突然涌成一条直径1米的水柱。13时10分，来自浙江金华的步兵某师炮团反坦克连的3名战士在4号闸口至5号闸口之间，发现了一个直径3至5厘米的泡泉，涌出的水已经发浑。凭着10多天在实践中学到的泡泉知识和抢险经验，战士们敏锐地意识到这可能是一个险情。他们赶紧抓起电话向上级报告，消息很快逐级传到了河西指挥部、市防汛抗旱指挥部和九江军分区作战值班室。军分区作战值班室值班员记录的当天值班日志上记载：“市防总电话，4号—5号闸口出现重大险情，13时10分发现泡泉和浑水。”

锁江楼朝霞　周继根　摄

13 时 13 分，炮团反坦克连 70 名官兵赶到险情地点。从驻地民房赶到出事地点，仅用了 3 分钟。指导员当即命令连队分成 3 个小组：第一组由他带队用身体挡住泡泉眼，尽量减少流量；第二组 10 多名战士迅速跳入江中，寻找泡泉口子；第三组装运沙石，飞跑着向泉眼投塞。数分钟后，九江水泥造船厂职工陆续到达险情现场，10 多名职工与战士一起跳入长江，手拉手探摸已经成为无底洞的泡泉口子。战士们拿来的 40 床棉被和地方职工送来的 10 床棉絮全部填了进去，仍没有效果。

13时50分，意外发生了！ 4号至5号闸口间突发溃堤！

肆虐的洪水如脱缰的野马，汹涌而出，发出巨大的轰鸣声。情急之下，人们迅速推下一辆载满货物的大卡车，只听“轰隆”一声，激流中溅起一个浪花，卡车立刻被冲得不见踪影。九江市防汛抗旱指挥部很快又调来两条大型水泥趸船堵塞决口，但仍未能降住洪魔，防洪墙被撕开一道大决口，沉重的趸船像一叶小舟顺流而下，一头冲进一家厂房。此刻，洪水正扑向市区。刹那间，市民拖儿带女，用三轮车、自行车拖着电视机、被服、灶具等物件向高处转移。

时针指向18时，一条1500多吨的铁驳船横亘在决口处，船体下的缝隙中，江水仍在涌出，发出震耳欲聋的吼声。巨大的漩涡“哗哗”作响，把数吨重的大石块卷进水中，吸入水底。堤上军民奋战2小时，21辆军用卡车、2条机驳船沉入决口，仍没能堵住洪水。眼看洪水已经漫过九瑞大道，如果和八里湖连成一片，那半个九江就都在水里了。这时候在江上作业的“奉港501”轮接到命令，拖着一艘更大的驳船（“甲21025”驳船）沉入江中，把九江大堤决口完全堵住了。

凶猛的洪水暂时被沉船堵住，当务之急是修筑一道弧形围堰。三个建制团在其团长的带领下，冲进又冷又脏的洪水中，顶着烈日，开始没日没夜地修筑作业。整整七个日日夜夜，战士们就泡在洪水之中，用惊人的勇气和毅力修筑起一道生命的围堰。8月13日晚，长江大堤九江段决口封堵成功！

九江九八抗洪展陈馆用逼真的模型再现了大型堵决口现场。在这里，参观者能感受到洪魔肆虐的危机、战士背沙包的艰辛和封堵现场的繁忙。展馆主体工程以当时被凿沉堵口的“甲21025”驳船作为造型。主陈列馆展陈共分为6个单元，分别为“茫茫九派　惊涛骇浪”“勠力同心　搏风击浪”“风雨同舟　守望相助”“鱼水情深　血脉相连”“重建家园　长治久清”“传承精神　接续奋斗”。展陈馆充分运用沉浸式CAVE（洞穴状自动虚拟系统）空间、场景剧场等综合场景和VR（虚拟现实技术）、声光电等多元化手段进行展示，聚焦九八抗洪那一段波澜壮阔的历史，全方位、多角度地再现了当时的真实场景，赞美了军民同心协力，不断创造人间奇迹的宏伟力量。

大江，永远铭记着1998年的夏天，铭记着我英勇的人民子弟兵。

江西风景独好
UNIQUE LANDSCAPE IN JIANGXI

悠然庐山 诗画九江

跟着课本游九江

九江

九江是一片充满诗情画意的热土，素有“九派浔阳郡，分明似画图”的美誉，享有“天下江山眉目之地”的美称，拥有“众水一山围江城”的美景，是田园诗的发祥地、山水诗的发源地、山水画的发展地。千百年来，3500多位名人雅士在九江打卡，留下诗文16000多篇，入选全国中小学语文课本的有21篇之多，九江是名副其实的课本城市。我们组织编写《跟着课本游九江》，并推荐3条精品线路，让来浔游客在纵情诗画山水之间，品读名篇、放空心情，与历史名人来一场跨越时空的心灵对话。

“跟着课本游九江”精品线路推荐

推荐线路	推荐行程	推荐打卡点
寻梦田园乡居之旅	DAY 1：浔阳—柴桑，夜宿庐逸香村； DAY 2：庐山环山一日游。	浔阳江景区、九江长江文化公园、贤母园、陶渊明纪念馆、庐山北海、西林寺（东林寺）、桃花源、秀峰、白鹿洞书院。
纵情诗画山水之旅	DAY 1：九江—庐山，夜游牯岭街，夜宿别墅村； DAY 2：庐山—湖口—彭泽。	锦绣谷、花径、白居易草堂、三叠泉、秀峰、石钟山、鞋山、龙宫洞、陶令纪念馆、滨江文化园。
传承时代精神之旅	DAY 1：九江城区一日游，夜宿城区； DAY 2：庐山环山一日游。	九江博物馆、抗洪纪念馆、浔阳江景区、九江长江文化公园、周敦颐纪念馆、西林寺（东林寺）、桃花源、秀峰、白鹿洞书院。

九江
JIU JIANG
悠然廬山·詩畫九江
Leisurely Lushan Mountain, Poetic Jiujiang City